JN013259

J-POPの現在

[II]

川喜田八潮
Yashio Kawakita

川喜田晶子
Akiko Kawakita

かたわれ探しの旅

Parade Books

Contents

第 II 部

愛

# #

愛の迷路

八潮：『J-POPの現在Ⅰ〈生き難さ〉を超えて』、つまり本書の「第一部　超越」では、僕たちの生きている〈現在〉という時代の〈生き難さ〉の本質を明らかにすることがテーマだったわけだが、「第二部」に当たる、この『Ⅱかたわれ探しの旅』では、テーマを「愛」としてみた。〈愛〉というものを「かたわれ探し」という観点で論じてみたいんだ。

晶子：ハードルの高いテーマだよね（笑）。

八潮：まあそう言わずに（笑）。僕たちも〈愛〉ってやつで散々苦労してきたわけだが、現代人の誰もが、今、〈愛〉で苦しんでると思うんだ。なぜそんなにも〈愛〉で迷走するのか、どうすればその迷走を超えられるのか。人類にとって普遍的なテーマである〈愛〉だが、現在ならではの迷走というものがあり、それを超えたいという、現在ならではの渇望とその表現が、J-POPの諸作品にも登場しているように思う。

晶子：この『Ⅱ』には「かたわれ探しの旅」というサブタイトルをつけたわけだけれど。

八潮：そうなんだ。『Ⅰ』の「〈生き難さ〉を超えて」で論じてきた、その〈生き難さ〉と切っても切れない形で〈愛〉を論じてみたい。
　スピリチュアルな意味で、自分の「かたわれ」が欲しい

という望み、「ソウル・メイト」なんて言い方もするみたいだが、どうすれば「ソウル・メイト」に出逢えるのか、なんとかして出逢いたい、そんな渇望が、若者たちの間に広まっているような気がするね。2016年に公開され大ヒットした新海誠監督の『君の名は。』というアニメーション映画、これも「かたわれ探し」がテーマだった。自分のかたわれと出逢いたい、という人々の潜在的な渇望に火がついたような大ヒットだった。

　現代人は、その「かたわれ」との出逢いによって、この現実の〈生き難さ〉を打開したいと考えている。無意識のうちにね。そんな渇望の切実さというものが、蔓延しているように思う。その渇望に応えるかのように、J-POPの楽曲にも、「かたわれ」への愛を歌う作品がたくさん登場するようになっている。

　つまり、本書では、人の根本的な生き方を問う歌としてのJ-POP作品、そしてそこで歌われた〈愛〉というものを、そのような切実な「かたわれ探し」の観点から現在的に論じてみたいわけなんだ

晶子：いわゆる男女の惚れたはれたの「愛」ではなく。

八潮：うん、そういう愛は、演歌に多い題材だよね。つまり、あくまで男女間においてのみ成立するような、エロスの対象としての異性愛。あるいは、男女の恋愛の果てに、生活を共にする中で現実の生活という試練にさらされ、鍛えら

れ、成熟してゆく大人の愛というのもあるが。

晶子：男女間の惚れたはれたでもなく、成熟した愛でもなく、もっとメンタルないしスピリチュアルな「かたわれ」との一体化願望というものが、現在においてはとてもリアルな問題だと思えるね。

八潮：そういう願望とは、個人の輪郭というものを超えたい、超えて相手と一体になりたい、という激しい超越願望だと言える。しかし、二人が生活を共にし、絆を持続してゆこうとするなら、そういう激しい恋愛感情というものは、変容をこうむらざるを得ないわけだ。相手と一体化できないことに気づき、他者としての相手の存在が浮上してくる。そこで育まれる大人の愛も大事なんだが。

晶子：J-POPではあまりそういう成熟した愛を歌った作品にはお目にかからないというか。

八潮：そうだね、その前段階の過剰な一体化願望、超越願望を秘めた愛の歌が多いように思う。そこでは、相手は異性とは限らない。人生の道しるべとなるような同性への愛を歌った歌も非常に多い。生きる上で、自分の心棒となるような価値、世界観といったものを備えた、憧憬の対象としての相手との一体化願望が、しばしば作品のテーマとなっているね。

この第二部では、そういう精神的な価値を相手と共有したい、そのことで〈現在〉の生き難さを超えてゆきたい、と考える、そういう「愛」について論じてみたいわけなんだ。男女の恋愛も含むが、それだけではない、他者との精神的価値による絆を求める、そういう意味での「かたわれ」への愛なんだ。もちろん、それが異性や同性への性愛（エロス）という形で表現されるものである以上、男性性とは何か、女性性とは何かという、性の違いをめぐる問題もないがしろにはできないわけだが。

晶子：つまり、自分の中のもう一人の自分、それに気付かせてくれるような、より純度が高くて精神的価値を備えた存在としての「かたわれ」。現実と闘う力、現実を超えてゆく力を与えてくれる存在としての「かたわれ」。それを見出す旅というものを、性の違いの問題も視野に入れつつ、広角度で論じましょう、という。

八潮：その「かたわれ」を見出すのもたいへんなんだが、見出したと思っても、人は迷走する。暴走し、魂を病むこともある。その迷走の姿の現在ならではのニュアンスをよく示している作品として、まず、女性シンガーJUJUの歌う「いいわけ」（作詞　柿沼雅美／作曲　中野領太　2017年）、そして平井堅の「ノンフィクション」を取り上げてみたいんだ。

いいわけ（作詞　柿沼雅美）

ありのままの言葉であなたを愛したいの

目を逸らせば幸せを演じられるの？
Ah ため息でごまかしてもこの胸は痛い
うまく言えない感情を持て余すほど
Ah つよがり見透かすように月が覗いてる

心と言葉はいつも揺れて離れて絡んで逃げて
傷つけたのに傷つく
あなたのひと言だけでこの一瞬も永遠になるのに
聞きたいこと聞けない

愛してるなんて先に言わせないで　キスよりあなたの声聞かせて
何を足しても引いても違った
いいわけなんていらないの今は 'Cause I need your love

愛してほしいって言うのは虚しくて　あなたへ言葉をただ探すの
掛けちがってたセリフじゃこの夜さえ満たせないの

思い通りいかないの分かってるけど
Ah 脱ぎ捨てたシャツの皺不安が波打つ
あなたの声聞けるなら優しくなれる

Ah 見えない星さえどこか胸を光らせる

あなたと私の未来決めて縺れて重ねて見えて
酸いも甘いも50％ & 50％
時間がないなんて言ってやりたいことさえもできてない
正しいことってなに？

愛するだけじゃ大人にはなれなくて　求める気持ちは止まらなくて
心欠けても割れてもいいの
抱き合うほど溺れていくの今は'Cause I want your heart

このまま何も聞けなくちゃ寂しくて　あなたの本音をまた手探り
気づいてたの甘いセリフじゃ何も癒せないの

どんな過去も明日のことも戸惑えば何も見えない
ひとりだからだけど誰もが
生まれた日から愛を探して出会って迷って失くして変わるの

愛してるなんて先に言わせないで　キスよりあなたの声聞かせて
何を足しても引いても違った
いいわけなんていらないの今は'Cause I need your love

愛してほしいって言うのは虚しくて　あなたへ言葉をただ探して
すれ違ってもこんなに強くあなたを愛してる
すれ違ってもこんなに声が溢れて「愛してる」

八潮：非常に神経症的な、男女の心理の探り合いの世界が歌われていることがわかるね。

晶子：この曲を聴いて、矢沢あいという漫画家が、スペシャルコラボムービーを作って大反響を巻き起こしたらしいね。『NANA』という人気漫画を連載していたのに、病気でずっと休載していた、その矢沢あいが、この「いいわけ」を聴いて非常に強くインスパイアされて、曲の世界をショートムービーに仕立てたという。

『NANA』という漫画は、2000年から連載されて大ヒット、2009年8月から休載になっている。心にぽっかりと空虚なものを抱えながら生きる孤独な登場人物たちが、相手との一体化願望というものに振り回されつつ、それぞれに自分の真の望みをまさぐっている。恋愛や夢が破綻した不幸な結末を先取りした場所から挿入される、主人公たちのモノローグが哀切でね。精緻な心理描写と酷薄なストーリーを読んでいると、しんしんと愛の不毛と迷走の感触が身体に染み込んでくる作品ですよ。そういう意味で名作です。

八潮：僕は読むのがつらかったんだが、貴女はけっこう真剣に読んでたよね（笑）。

晶子：はい、『源氏物語』本編ではなく、『宇治十帖』的な

世界観の沼にハマるというか。こっそり『宇治NANA帖』と呼んでいました（笑）。

　何かを望むことが、そしてその夢が叶うことが、幸せになることからどんどんはぐれてゆくようにストーリーができてしまっている。宿命的な何者かにそのような運命を強いられている、と、主人公自ら感じていて、その何者かを「大魔王」なんて呼んでいるんだけどね。男女の愛も、夢の実現も、神経症的に迷走し、「大魔王」に引き裂かれてゆく。

八潮：このJUJUの「いいわけ」もまさに、そういう男女の神経症の世界だ。それを、JUJUが実に上手く歌い上げている。たたみかける切迫感が素晴らしい。

晶子：矢沢あいがインスパイアされたのも納得だよね。「**心と言葉はいつも揺れて離れて絡んで逃げて／傷つけたのに傷つく**」とか、「**キスよりあなたの声聞かせて／何を足しても引いても違った**」「**掛けちがってたセリフじゃこの夜さえ満たせないの**」とかね。心と言葉が一致しない、キスでも伝わらない。普通、男女の想いがもつれると、言葉はいいから抱きしめて、みたいにごまかすもんだけど（笑）。ここでは必死で言葉を探している。

八潮：二番では逆に、「**気づいてたの甘いセリフじゃ何も癒せないの**」「**どんな過去も明日のことも戸惑えば何も見えない**」と、セリフじゃだめだ、と言っている。言葉では過去

も未来も意味づけたり決定したりできないんだ、と。「何を足しても引いても違った／いいわけなんていらないの今は'Cause I need your love／愛してほしいって言うのは虚しくて　あなたへ言葉をただ探して／すれ違ってもこんなに強くあなたを愛してる／すれ違ってもこんなに声が溢れて「愛してる」」このラストの切迫感の表現が、歌詞においても歌唱においても素晴らしいんだ。

　この男女の疑心暗鬼、すれ違いはなぜ起こってしまうのか。愛しているのに、心も言葉もありのままに伝わらない。そんな不毛はなぜ生じてしまうのか。言葉や行為で何かを足してみたり、引いてみたり、小細工してみても伝わらない。愛の保証にはならない。それでいて、そんなにすれ違っても、「愛してる」ということだけは真実であり、信じることができる。この力強さに、僕は感動したんだ。神経症的に迷走しつつも、それを超えたいという渇望の強さにね。

晶子：「ひとりだからだけど誰もが／生まれた日から愛を探して出会って迷って失くして変わるの」という箇所では、そのような誰ともつながれない孤独、それでいて愛を求め、傷ついて変わってゆく、そのドラマというものに人の普遍性を見ている。ここもとても矢沢あい的だし、第一部で論じた椎名林檎的とも言えるね。

八潮：そう、人間関係において、素のままありのままでつながれない。相手にペルソナ（仮面）を見てしまう。相手の

ペルソナを引き剥がしたい。そういう渇望に駆られる。しかし、その行為で相手の嘘が剥がれて素が見えるかというと、その下にまた別のペルソナを見てしまう。どんどん剥がし続けなければならない。嘘を恐れて、より精緻な言葉で相手の真実に近づこうとする。その果てに、この行為が、自分自身にも当てはまることに気づくようになってしまう。自分の発する言葉もまた、ペルソナとして相手に投げかけられてしまっていることに気づく。素に近づこうとする行為が、素から離れてゆく行為になってしまうんだ。その堂々巡りの逆説というものを、第一部の椎名林檎論のところで指摘したけれども、この「いいわけ」にも、そういう逆説が存在する。

晶子：もう一つ、神経症のドラマが生じる根本原因として、神経症的迷走を超えたいという渇望の強さにもかかわらず、何かを足すとか引くとか、そこで解決するしかないという世界観のようなものを感じるね。

八潮：そう、生存感覚の根っこにある虚無感のようなものだね。自分を支えてくれる心棒が無い、断片のように浮遊しているような感覚。大いなるなにものかに生かされていることへの安心感というものが無い。

晶子：大いなるものは、自分の存在をわしづかみにして不条理へ引きずってゆく「大魔王」的存在であり、生かされ

ているという安心を与えてはくれない。

八潮：そこでは個人と個人は孤独なまま、断片のまま、神経症の地獄を病むしかないということになる。第一部で繰り返し述べてきたように、われわれのこの現在という時代においては、モダニズム的な世界観というものが、科学と合理主義によって人々の無意識にバイアスをかけている。その世界観の枠組みの中で、人々は生存感覚を痩せ細らされ、ニヒリズムに陥りながら、他者との関係を病むことになる。われわれを包摂する大いなる力によって生を意味づけることができなくなってしまっているわけなんだ。その不毛な生存感覚がベースになって、関係の障害感が惹き起こされてしまう。相手を信じられない、自分の存在の意味がわからない、そういう感覚のベースには、モダニズム的世界観によるニヒリズムが潜んでいる。

晶子：その酷薄さを超える道筋については、第一部で詳しく論じてきたわけだけれど、その酷薄な世界観を超えられる、そのような相手とめぐり逢えた、とか、ほんとうの自分に出逢えた、と思った、その先に生じる「愛」の問題も、この第二部では深掘りしてみたいよね。

八潮：そうなんだ。現実を超えるための「かたわれ」を見つけた、とか、自分の心棒を見つけた、と思ったとたんにね、人はそれにしがみつこうとする。我執の病、相手への

強制の病というものにとりつかれやすいからなんだ。そして息苦しい悪循環の世界に陥ってゆく。

晶子：「かたわれ」だと思う相手に対して、人は自分と同一のものを見ようとするからね。でも、そこには絶対に橋の架からない他者性というものが立ちはだかることになる。

八潮：そう、その他者性というやつが浮上してくるとだね、不信や不安にかられ、相手の心理を詮索し、確認し、言葉の裏を読み、再び孤独と虚しさにつつき返されることになる。

晶子：それでも「**こんなに強くあなたを愛してる**」。

八潮：そう、この「いいわけ」のラストのこの歌詞にね、現在の愛の迷走の核心を僕は見たんだよ。

晶子：迷走してるけど、その苦悩の激しさと、それにもかかわらず「**愛してる**」という確信だけは揺らいでいないところに。

八潮：うん、この迷走と確信の場所を、どう生産的に超えてゆくかなんだ。

晶子：そこで平井堅登場ですね。「ノンフィクション」（作

詞・作曲　平井堅　2017年）を取り上げたいと。

八潮：これも名曲なんだよなあ。僕らは2017年の『FNS歌謡祭』（フジテレビ系放映）で観たんだけれど。

....

ノンフィクション（作詞　平井堅）

描いた夢は叶わないことの方が多い
優れた人を羨んでは自分が嫌になる

浅い眠りに押しつぶされそうな夜もある
優しい隣人が陰で牙を剥いていたり

惰性で見てたテレビ消すみたいに
生きることを時々やめたくなる

人生は苦痛ですか？　成功が全てですか？
僕はあなたに　あなたに　ただ　会いたいだけ
みすぼらしくていいから　欲まみれでもいいから
僕はあなたの　あなたの　本当を知りたいから
響き消える笑い声　一人歩く曇り道
僕はあなたに　あなたに　ただ　会いたいだけ

筋書き通りにいかぬ毎日は誰のせい？

熱い戦いをただベンチで眺めてばかり

消えそうな炎　両手で包むように
生きることを諦めきれずにいる

人生は悲劇ですか？　成功は孤独ですか？
僕はあなたに　あなたに　ただ　会いたいだけ
正しくなくていいから　くだらなくてもいいから
僕はあなたの　あなたの　本当を知りたいから
鞄の奥で鳴る鍵　仲間呼ぶカラスの声
僕はあなたに　あなたに　ただ　会いたいだけ

何のため生きてますか？　誰のため生きれますか？
僕はあなたに　あなたに　ただ　会いたいだけ
人生を恨みますか？　悲しみはキライですか？
僕はあなたの　あなたの　本当を知りたいから
秘密　涙　ひとり雨　目覚めたら襲う不安
僕はあなたに　あなたに　ただ　会いたいだけ
信じたいウソ　効かないクスリ　帰れないサヨナラ
叫べ　叫べ　叫べ
会いたいだけ

⋯⋯⋯⋯⋯⋯⋯⋯⋯⋯⋯⋯⋯⋯⋯⋯⋯⋯⋯⋯⋯⋯⋯⋯⋯⋯⋯⋯⋯⋯⋯⋯⋯⋯⋯⋯⋯

晶子：JUJUの「いいわけ」も、たたみかける切迫感のテ
ンションが強烈な楽曲なんだけど、この「ノンフィクショ

ン」も、たたみかけ方が聴き手を鋭く問い詰めるよね。聴き手を問い詰めるということは、平井堅自身が自分を問い詰めているのであって、そういう生真面目な純度の高い一曲だよね。

八潮：そうなんだ。『FNS歌謡祭』では、欅坂46のセンターだった平手友梨奈ちゃんのダンス・パフォーマンスと平井堅君の歌唱とのコラボとして観たんだが、これが素晴らしかった。

晶子：平手ちゃんが、制服姿の女学生として、迫真のダンス・パフォーマンスをしていて、平井堅君は片手に花束を携えて熱唱するという、ね。「**あなたに　ただ　会いたいだけ**」とか「**叫べ　叫べ　叫べ**」といった歌唱のたたみかけと、平手ちゃんの、女学生の実存的な鬱屈の激しい表現とが見事にシンクロしていて、見入ってしまったよね。

八潮：そこで、この歌詞の、「あなた」とは何だろう、ということを読み解かないといけない。

晶子：主人公は、夢を描いてもなかなか叶えることができないでいる、そして、人間関係において疲れ果てている。他者との比較で自己嫌悪に陥ることもある。「**惰性で見てたテレビ消すみたいに／生きることを時々やめたくなる**」というフレーズは、今の若者の実存を言い当てていると感じる

よね。

八潮：そう、上手いフレーズだね。自分の生に意味を見出せないで、生きるということが惰性でしかないという感覚だよね。社会的な成功への道のりは遠く、夢の実現や人間関係における優位性を他者に見出して、比較しては落ち込んでいるね。

晶子：そこで「あなた」という存在に問いかける。「**人生は苦痛ですか？ 成功が全てですか？**」と。「**みすぼらしくていいから 欲まみれでもいいから／僕はあなたの あなたの 本当を知りたいから**」と。
　ここで問いかけている相手は、一応社会的に成功しているけれども、そこで身にまとっている社会的に価値のあるとされている衣装というもの、ペルソナというものの下に、純粋なものを持っていると主人公が信じている人物、そんな印象だよね。

八潮：社会になじめない純粋な鬱屈をかかえている主人公だが、その鬱屈と同じものを持ちながらも成功している人物。

晶子：つまり、成功していない平井堅から、成功している平井堅へのラブレターというか（笑）。

八潮：あるいは挑戦状というか（笑）。

晶子：純粋な自分が、成功した自分に向かって「お前、成功してるけど、ほんとに楽しいのか？　無理して苦しいだけじゃないのか？　成功が全てなのか？　成功したせいで失ったものがたくさんあるんじゃないのか？」みたいなね。

八潮：「みすぼらしくても欲まみれでもいいから、ペルソナ剥がした顔を見せろよ」みたいな。

晶子：平手ちゃんのパフォーマンスの凄みとしてね、現在の若者の実存には、こういう問いかけが蔓延していて、そこを精確に射抜いたパフォーマンスだったなと思う。社会的に成功したい、でもできない、能力がない、他者が偉くて器用に見える、自分の存在の意味が見えない、成功することの意味って何？　それで幸せになれるんだろうか？　といった問いの中で、ペルソナを剥がした誰かとの一体感を得たいと激しく望む。純粋な「あなた」との一体感とは、つまり、社会的なペルソナとは無縁の、魂と魂の出逢いのイメージだよね。現実にそういう相手がいないならば、もう一人の自分、ペルソナと無縁の自分の深い望みとの出逢いのイメージということになる。その出逢いにおいてのみ、生きることの意味を見出せるのではないかと、一縷の望みを抱いている。

　制服姿であることによって、学校という場所が強いてく

る、つまり社会というものが強いてくるものと、自分の内面とのズレの感覚が際立っている。

八潮：さらに、「響き消える笑い声　一人歩く曇り道」というフレーズでは、ペルソナ同士で仲良くできる友人たちの笑い声が、自分とかけ離れた場所にある、そういう距離の感覚もよく伝わるね。

晶子：二番では「筋書き通りにいかぬ毎日は誰のせい？／熱い戦いをただベンチで眺めてばかり／消えそうな炎　両手で包むように／生きることを諦めきれずにいる」とある、ここは、夢の実現へのモチベーションの炎が消えそうだけど、必死でその炎を消さないように生きている切なさが伝わるよね。そして「人生は悲劇ですか？　成功は孤独ですか？」これは成功した場所にいる者に、その代償の大きさを問うている。「正しくなくていいから　くだらなくてもいいから／僕はあなたの　あなたの　本当を知りたいから」つまり、ペルソナが主張している正しさとか立派さなんかどうでもいい、そういう価値と無縁の魂の姿を見せてくれ、と。

八潮：その後の「鞄の奥で鳴る鍵　仲間呼ぶカラスの声」も上手いねえ。自分だけの魂の秘密の場所を開ける鍵、その鍵を使って開けた場所、そこに行けば、「あなた」の本当の姿と同じものが眠っているはずだ、という確信。でも

開けたくない、開けてはいけないのではないか、という不安。荒涼とした孤独地獄が広がっているのかもしれないという不安、恐怖。「カラス」は、主人公の内面の異形性（いぎょうせい）のメタファーだろうから、鍵を開けることで、自身の孤独な異形性に直面するのかもしれない。それをそそのかすかのように、カラスが仲間を呼ぶ声がする。その異形性に直面し、それをオープンにすることは、世間に合わせることが出来なくなる不吉さを秘めている。自分の孤独はそこで持ちこたえられるだろうか。持ちこたえるための心棒が必要になる、だから「**何のため生きてますか？　誰のため生きれますか？**」と「あなた」に問うてみたくなる。

晶子：「**人生を恨みますか？　悲しみはキライですか？／僕はあなたの　あなたの　本当を知りたいから／秘密　涙ひとり雨　目覚めたら襲う不安／僕はあなたに　あなたにただ　会いたいだけ**」さらにもう一人の平井堅を問い詰める手を緩めない平井堅（笑）。成功した代償の大きさに、人生を恨むのか？　悲しみに向き合う勇気は無いのか？　きちんと自分の人生を意味づけられていないんだろう？　そのありのままの姿を見せてみろよ、と。このあたりまでくると、問い詰める平井堅と問い詰められる平井堅の境界線が分からなくなってくる（笑）。後ろ暗い秘密、晴れやかでない涙、自分ひとりだけが浴びている雨、繰り返し訪れる不安な目覚めへの恐怖。

八潮：「信じたいウソ　効かないクスリ　帰れないサヨナラ／叫べ　叫べ　叫べ／会いたいだけ」ここで平手ちゃんが、学生鞄の中の白い紙切れを、頭上から紙吹雪のように浴びて崩れ落ちるというパフォーマンスのラスト、衝撃的だったねえ。学校で教わること、教科書、そこに答えが見つからない。時間とエネルギーを注いだ場所、そこには答えの書かれていない白紙の紙切れの山があるだけ。絶望感をこれでもかとたたきつけるようなダンスが素晴らしかった。ペルソナ、ウソ、そういうものを信じてしまえば楽なのかもしれない。だがそれは、効かないクスリのようなものでしかない。クスリが効かないということは、純粋な魂の声に耳を塞ぐことができないということだ。あなたとの純粋な出逢いの瞬間から引き返すことができない。サヨナラすることができない。この葛藤の中でせり上がってくる叫び。「**会いたい**」という叫び。この叫びにだけは凄まじい強さの真実があるよね。

晶子：ここで「あなた」は、いつの間にか、もう一人の平井堅というより、ある純粋な存在、自分の不純さやペルソナを一掃してくれる存在といった面持ちにシフトしているようにも感じるね。その結果、生真面目な純度を追求する歌というより、激しい愛の歌としてのテンションを獲得している。

八潮：外からは成功者と見える者の内に、どれほど存在や

世界への冷えがあるか。成功するとかしないとか、そういう社会的な価値とは別の次元で、存在を意味づけたいんだが、そのよすがとなるものが見出せない苦しみ。そこには、世界から拒まれて断片として存在する自分への恐怖があり、底知れない虚無が浮上している。平井堅君の内にもきっと、そういう虚無が巣食っていて、それをバネにして歌った愛の歌のようでもあるね。魂の同朋のような「あなた」と、すべての観念の被膜を取り払って、生身で接触したい、その本音を聴きたい。突き上げる本能の声を感じるよね。その本能の叫びを、虚構では無く「ノンフィクション」として歌っているんだ、と。

晶子：第一部でも述べたけれど、アーティストたちが、人生の道しるべとなる「あなた」とか「君」といった存在を設定することで、純粋な自分、本能的な表現へのモチベーションを高めている、そういう楽曲がJ-POPにはとても多い。平井堅君にも、そういう「あなた」への粘着的なまでの愛を感じる時があるね。

　JUJUの「いいわけ」も、この「ノンフィクション」も、すれ違いや葛藤という迷路が歌われているんだけれど、どちらも相手との出逢いそのものへの疑いは無い。凄まじいほどの絶対感を、その出逢いに感じている。そして相手に、ペルソナを剥がせと激しく迫っている。

八潮：そう、異性間のエロスという枠組みを超えて、世界

観・世界風景・生存感覚の変容をもたらしてくれる存在への愛を歌う。1980年代から90年代にかけては、そういう愛を歌っていたのは、僕の知る限りでは中島みゆきただ一人だったんだが、今では、非常に多く見られるようになった。J-POPの作品群における「かたわれ探し」とは、そういう愛の成就による、魂の革命への夢だと言ってもいい。

晶子：その革命成就のために、愛の「不毛」の場所をどのように超えてゆくべきか。この「迷走」の激しさとしての二曲の次に、B'zの「イチブトゼンブ」を取り上げてみようというわけですね。

# #

他者性の壁

■ B'z「イチブトゼンブ」

八潮：JUJUの「いいわけ」でも平井堅の「ノンフィクション」でも、愛する人との幸福な一体感は得られておらず、作者は「迷い」の渦中にあるわけだが、それでも〈愛〉そのものには迷いがない。絶対的な出逢いなんだ、運命的なんだ、という確信が、歌の衝迫力を支えている。それが運命的なものなんだ、と思わせるのは、彼らの歌が、単なる性愛（エロス）の歌ではなく、世界風景や生存感覚の根っこに関わるような何か、つまり「生の心棒」に関わる何かを与えてくれるような、大切な人との出逢いを歌っている、と感じさせるからだった。

晶子：相手が同性なのか異性なのか、どうでもいい、という意味での同性愛的な感覚を与える歌だよね。

八潮：そう、そんな意味での同性愛的で精神主義的な、同志的なと言ってもいいね、そういう出逢いの感覚を、ずっと歌い続けているのが、B'zの稲葉浩志君だ。
　第一部では、「Still Alive」（作詞　KOSHI INABA／作曲 TAK MATSUMOTO　2017年）という曲を、理性と本能という角度から取り上げたけれども、今回は、愛という角度で「イチブトゼンブ」（作詞　稲葉浩志／作曲　松本孝弘 2009年）について論じてみたいんだ。

晶子：稲葉君の作る歌詞というのは、私小説的なモチーフを歌っている、と感じさせるものがある。確かにこの頃、誰

かしら多大な影響を与える人物との衝撃的な出逢いがあったんだな、とか、この人物と今、心がはぐれて迷子になってるんだな、とか。そのようなモチーフを、素直に歌詞として紡いでいると感じさせるものがあるね。聴き手であるファンへの応援歌としてフィクションを紡いでいるのではなく。

八潮：そう、純粋で気高い魂の、ある人物への愛を繰り返し繰り返し歌っている。そのことが、自分自身の最も純粋な魂を探り当てたいという衝迫としても成立しているから、普遍的な作品となり得ている。

晶子：聴き手は、歌詞をファンへの応援歌として聴いてもいいし、稲葉君の自分自身へのエールとして聴いてもいいわけだけれど、モチベーションの源泉として、遠隔恋愛的な、同志でもあり道しるべでもあるような人物への愛の存在を感じさせる。そういう文体なんだよね。

八潮：稲葉君の魂の根底をなすような、生存感覚の根っこ、世界観の要となるような、ある人物。その人の思想は、稲葉君と必ずしも同じ思想ではないし、生きる場所、生活の風景も異なる人物のようなんだが、稲葉君は、この人物からの絶えざるインパクトを受けながら、エネルギーの放射を浴びながら、人生を切り抜け、己れを鼓舞しようとしている。どう生き抜くべきか、悩み、問い詰めようとしてい

る。生真面目で倫理的な表現をし続けているアーティストだと思う。

晶子：B'zの表現史は、そういう角度から見るならば、歌詞の中で「君」とか「あなた」として登場する人物への、稲葉君の〈愛〉の歴史だと言ってもいいのかな。

　そもそも、その人物との出逢いはいつ起こっているのかというと、どうやら1999年の後半あたりなんじゃないかと考えられるね。

八潮：そう、初登場するのは2000年の2月に出た27枚目のシングル「今夜月の見える丘に」の「君」だと思うね（以下のB'zの楽曲は全て、作詞　稲葉浩志、作曲　松本孝弘）。1999年6月の26枚目のシングル「ギリギリchop」では、世紀末的な風景、終末観的感覚、めまぐるしい消費と泡沫のような流行といった風景の中で、完全に浮き上がっている作者の孤独が歌われていたんだ。そんな風景の中で軽く生きられず、ぎりぎりの崖っぷちを歩くような感覚でなければ生きる実感が得られない、と歌っている、その崖っぷちの衝迫の強さにおいて優れた楽曲だ。

晶子：まだこの曲では、「君」とか「あなた」という人物のエネルギーをもらえていなかったと。

八潮：それが、「今夜月の見える丘に」では、稲葉君は、自

分とその人物とが異質な存在であることをよくわきまえた上で、運命的な出逢いの衝撃を握りしめている。その出逢いにおいて手にしたまなざしで、自分を見つめ直したい、と。君がいる場所、月の見える丘、そこでは、闇が息づいている。魂の同朋として、君の心に分け入りたい。そんな歌になっている。このシングルを創作する直前に、衝撃的な出逢いがあったと思われるんだ。

晶子：そこから次々とリリースされたシングル、2000年5月の「May」、7月の「juice」、10月の「RING」。2001年3月の「ultra soul」、8月の「GOLD」、あと、2003年7月の「野性のENERGY」、2004年9月の「ARIGATO」、2005年8月の「OCEAN」、2008年4月「BURN」、2009年10月「MY LONELY TOWN」などなど、「君」「あなた」という人物との歴史を語る上で、気になる楽曲が多々あるけれども、ひと言でいうなら、その人物と一体になりたい、その人物がいれば自分は闘える、でも一つにはなれないし、はぐれてしまったように感じるときもある。その一体化願望と迷子の感覚が繰り返し繰り返し歌われている。

八潮：非常に興味深いのは、稲葉君が、最初からその人物と自分との異質さというものを、とても厳しく握りしめている、と感じさせる点だ。だからこそ、一体になりたい、という感情も激しく生じる。相手との異質さと、それに伴う強烈な一体化願望との間を振り子のように揺れながら、自

分を高めたいという衝動を歌う。

晶子：自分を高めたいという衝動の激しさによって、稲葉君自身の気高さも引き出されている。そういうアーティストだと感じさせてくれるね。優れているな、上手いな、独特だな、衝迫力があるな、という感覚をおぼえさせるアーティストは結構いるけれども、こういう気高さの感覚をロックで表現できるアーティストは稀有だと感じるね。

八潮：B'zの作品は、稲葉君の作詞、松本孝弘君の作曲・編曲で成り立っているんだが、僕たちは、あくまで文芸批評の立場から論じたいので、もっぱら稲葉君の歌詞を中心に論じていくわけだけど。稲葉君の歌詞と歌唱のその気高さの感覚、愛の衝動というものをね、松本君のサウンドが実に上手く解放しているなと感じるよ。

晶子：『DINOSAUR』（2017年リリース）というアルバムに、DVDがセットになっていて、そこで「ROCK IN JAPAN FESTIVAL 2017」でのB'zのライブ映像を何曲か観ることができたんだけれども、その演奏の水準の高さは、外野の私たちにもよく伝わるものだったね。おそらくは、洋楽での最高度の達成というものを、徹底的にインプットして凝縮して、日本的なロックとしてアウトプットした、そういうサウンドなのだろうけれども。松本君の作り出すサウンド、リズム、そのストイックなテンションというものが、稲葉

君を逆にのびのびと解放させているというか。実に激しく暴れてシャウトして開放的なステージ。でも、ステージ上でどんなに激しく暴れて走り回っても、絶対に音程がブレない（笑）。

八潮：狂暴なのに、ストイックだよね。その完成度の高さに衝撃を受けたんだ。

晶子：このライブでも、第一部で取り上げた「Still Alive」と、今回取り上げてみたい「イチブトゼンブ」が歌われていたんだけれども。

八潮：B'zとしても、この二曲は、今までの表現史の総括としてふさわしい楽曲だと考えているんじゃないのかな。稲葉君が、「君」あるいは「あなた」という人物との絆のポイントをどう考えているのか、よく表われている。そこに立ち返るなら、自分はこの現世の不条理というものに耐えてゆける、そういうポイントというものは、自分一人だけの問題ではなく、普遍的な水準でファンにも伝えることができる、そんな想いを感じさせるのが「イチブトゼンブ」という楽曲だ。

晶子：第一部で「Still Alive」を少し引用して、その出逢いの絶対感の感触を論じておいたけれども。「イチブトゼンブ」では、〈愛〉というものにつきものの「他者性の壁」の

乗り越え方がポイントだと、歌われている。

八潮：うん、まるまる引用してみよう。

....

イチブトゼンブ（作詞　稲葉浩志）

「アナタは私のほんのイチブしか知らない」
勝ち誇るように笑われても　それほどイヤじゃないよ
生まれてくる前　聞いたようなその深い声
それだけで人生のオカズになれるくらいです

すべて知るのは到底無理なのに
僕らはどうして　あくまでなんでも征服したがる
カンペキを追い求め
愛しぬけるポイントがひとつありゃいいのに

もしそれが君のほんのイチブだとしても
何よりも確実にはっきり好きなところなんだ
困った時　少しまゆげを曲げてみせたり
抱きよせるとホッとするような柔らかさだったり

すべて掴んだつもりになれば　また傷つくだろう
ほんとに要るのは有無を言わせない　圧倒的な手ざわり
愛しぬけるポイントがひとつありゃいいのに

君にしかわからないこと　僕だけが見えていること
どれもホントのこと

すべて何かのイチブってことに　僕らは気づかない
愛しい理由を見つけたのなら　もう失わないで
愛しぬけるポイントがひとつありゃいいのに
それだけでいいのに

....

八潮：2009年8月にリリースされたシングルだ。
　この曲のテーマはね、人と人がいかに愛し合っていても、必ず他者性を持っている、ということだ。他者性、異質さというものを、あっても無いものにしたいという感情は、愛ゆえに必ず生じる。愛というのは、個の殻を超えて相手と一つになりたい、融けたいという感情だ。相手と一体化できるなら、それは、類的に、世界に宇宙に存在が拡がっていることのシンボルとして、人を孤独から解放するからだ。
　中でも、恋愛感情は、最も激しい愛の衝動だ。それは、人が愛する他者とエロス的に一体化することで、個体としての輪郭を超え、世界＝宇宙を己れの身体の延長としてシンボリックに感受することで、現世の桎梏を後景に退かせ、瞬間的に意識から消し去ることを可能にする。恋に身を焦がしている時、人は、浮き世のしがらみや不条理を、瞬間的に超越することができる。それが恋の醍醐味だ。
　いわば、恋愛感情とは、現世に対する非日常的な〈超越

の渇望だと言ってもいい。そこでは他者性というものは邪魔なんだ。他者性を消そうとする衝動なんだよ。

しかし、相手の他者性というものは、必ず浮上してくる。恋愛の最中でも、一体化にとって妨げとなる恋人の他者性はしばしば浮上してくるものだが、特に、恋愛を経て、結婚生活に至れば、実生活の試練にもさらされることになる。惚れたはれただけでは済まないわけだ。

他者性とはね、実生活や日常とセットで、恋愛感情に水をさすものであるわけだ。

この他者性というもの抜きで、愛を考えてはいけない。どう他者性を繰り込んでゆけばよいのか。それがこの「イチブトゼンブ」という曲のテーマだ。

晶子：第一部で取り上げた「Still Alive」で、作者は「あなた」という存在と圧倒的な出逢い方をしているわけだれども、その相手の全てを、稲葉君は知り尽くすことができているのかというと、そうではない。その限界というものをまず、「イチブトゼンブ」ではきちんと押さえている。

八潮：そう、みんな、他者のほんの一部しか知らないんだ、それは当たり前のことなんだ、と。全てを知らないといけないとか、全て一致しないといけないとか、全てを所有したいとか、そういう愛ではなく、稲葉君は、一つでも愛し抜けるポイントがあればいいんだ、と歌っている。出逢いに絶対感があるのなら、その一部しか知らないということ

をありのままに受け容れ、祝福できるのが人間本来のあり方なんだ、と。

晶子：相手のここが好き、というとき、人は自分の文脈で好きなわけだよね。相手にとって、そのポイントは別の文脈において存在しているのかもしれない。ポイントを共有できているとしても、それぞれ別の文脈においてそのポイントを見ているのかもしれない。

八潮：その別の文脈において、ということも含んで、ハラに収めて、そのポイントを愛し抜け、と稲葉君は歌っているわけだ。それは、あくまで自分だけのポイントの位置づけだ。でもそれを相手に強制することなく、愛し抜け、そういうポイントを掴め、と言っている。

晶子：あなたの全てが愛しいとか、全てが欲しいとか、そういう愛を歌う方が力強いと思われやすいけれども、稲葉君は、たった一つのポイントでいいんだ、と。これ、ある意味、ちょっと虚を突かれる愛のかたちだよね。歌詞の冒頭にもね、「**アナタは私のほんのイチブしか知らない** ／ **勝ち誇るように笑われても**」とあるけれども。普通、勝ち誇るように言われたら、スミマセン、という気持ちになってしまう（笑）。

八潮：そこでスミマセン、にならないで、「**それほどイヤ**

じゃないよ」と言えるのはなぜか、ということが大事だ。作者にとって、その愛し抜けるポイントがどういうものかというとだね、「**生まれてくる前　聞いたようなその深い声／それだけで人生のオカズになれるくらいです**」とある。これは、出逢いの絶対感の本質を言い表わした巧みな表現だね。

晶子：魅力的なフレーズだよね。この現世でたまたま出逢いました、ではなく、生まれてくる前に出逢いの根拠を見出している。

八潮：未生以前の自分、宇宙的に拡がる生存感覚を持っていた頃、つまり、個体の殻を超えて、母の胎内の安らぎに包まれていた頃の自分へと、出逢いのイメージを押し広げている。
　母親の胎内だからといって、人はすべて無傷だというわけではなく、母親を通して大小のトラウマを受けるけれども、この胎内で過ごす間に、人は魚類から進化して哺乳類へ、人類へ、という歴史、系統発生の歴史というものを全て辿るんだ。母親が強いストレスを受けたりすると、その歴史がスポイルされることもあろうが、胎児にとって、子宮の世界とは、基本的には、生命発祥の故郷（ふるさと）としての海であり、宇宙そのものだと言っていいだろう。胎児期に、人は宇宙全体を受け取るイメージの力というものを備えるんだと思う。大海に安心して抱かれている感覚、深い海のよ

うな世界＝宇宙と一体になった感覚、その未生以前の感覚を呼び起こすほどに、深い存在感を持つ相手である「君」への愛が、この曲で歌われている。

　だから、相手とどんな違いがあったとしてもだね、原型的な世界体験の要としての出逢いなんだ、と。

晶子：相手との違いなんか、どうでもいいと言っているのではなく、その違いがあることを百も承知で、というニュアンスが大事だよね。

八潮：こうも言っている、「**ほんとに要るのは有無を言わせない　圧倒的な手ざわり**」だと。ここも、「深い声」と重なる絶対感の表現だね。では、このような相手と出逢えたという稲葉君の体験は、稲葉君一人だけのものであり、聴き手にとってはどうでもいいことかというと、そうではない、普遍性があるんだ、そう信じて彼はこの歌を歌っている。

晶子：「出逢えた人はいいよね、自分にはそんな人はいませんよ、だから縁の無い歌ですよ」と感じさせないのはなぜか、という問題。

八潮：聴き手がそれぞれに、自分のモチーフとして受け取ることができるのはなぜか、ということだ。この歌には、その普遍性への架橋ができている。

　人はね、自分の魂とシンクロする魂と、親という具体的

な存在を抜きにして、宇宙の中にたった一人の孤独な存在として誕生させてくれた何ものかの声、未生以前の風景において出逢った声のような感覚を媒介にしてつながっている、というメッセージだ。それがこの歌には込められている。宇宙的な、四次元の永遠性の世界。

この三次元の現実というものは不条理に満ちていて、〈生き難さ〉を人に強いてくる。個々人がバラバラで、孤独地獄を強いられる。酷薄なモダニズム的世界観によって風景が狭められ、圧殺されている。それを超えたい、四次元的・類的・永遠的・宇宙的世界につながる何かを掴みたい。それは、「第一部」で取り扱った〈超越〉への願望にほかならないが、そういう四次元的な何かへの愛というものが、人間には必要なんだ。相手がそういう四次元性を備えていると感じさせる存在なら、その相手への愛によって、人はこの現実を超えることができる。

つまり、この「イチブトゼンブ」という作品はね、人の根源的なそういう渇望、超越のための愛への渇望というものを歌い、しかもその愛が不毛に陥らないための最大のポイントを提示していることになるんだ。

晶子：愛し抜けるポイントとして、いかにも相手の女性のちょっとした癖や手触りを取り上げているように見える歌詞も含まれているけれども。その手触りの根っこには、四次元的な場所との絆を与えてくれる相手なんだ、というポイントが潜んでいるということだね。

JUJUのところで、矢沢あいの『NANA』に登場する「大魔王」の存在について触れたけれども、ある意味、「大魔王」の逆バージョンとの絆、存在に大いなる意味を与えてくれる四次元的な世界との絆、そこに絶対感の根拠を見出している。そのことの中に、稲葉君の表現の気高さの感触のカギがある、と言えそうだね。

# #

出逢う力を求めて

■ BUMP OF CHICKEN
「天体観測」「メーデー」「R.I.P.」

晶子：稲葉君の「君」あるいは「あなた」との出逢いの絶対感の質というもの、その出逢いを意味のあるものにするためのまなざし、それを「イチブトゼンブ」によって確かめてきたけれども、〈現在〉という時代の〈生き難さ〉において、彼のような絶対感の歌い方に限界というものを感じることもあるね。それは、絶対的な出逢いができた人はいいけれど、できていない人にとって、「君」とか「あなた」とかに向けた愛の歌を歌われても困る。羨ましいなあ、で終わってしまう。そう感じる若者たちも多いかもしれないということ。稲葉君の場合、彼の歌唱の気高さの感触とパワーというものが、彼の固有の絶対感を、普遍的な場所にまで押し上げているのだけれども、そのことで、かえってその場所から置いてきぼりを食らったような気持ちになってしまう、そんな若者たちも増えてきているのかもしれない。時代が変わってきている、と感じることも多いよね。

八潮：そう、それだけ厳しい時代、人々の無意識が複雑で、生き難さの質を見極めるのも一筋縄ではいかない時代になってきているということなんだ。稲葉君の「君」への愛を、ファンは、稲葉君への憧れという形でアナロジカルに共有できる場合もあるだろうが、そんな絶対的な出逢いが訪れることを信じる力そのものがね、現在においては非常に衰弱してしまっているような気がする。

　自分の外に愛の対象を見出して歌うのではなく、そういう愛に出逢うための前提としての愛、自分自身の内なるか

たわれを探す旅、そんな内向的な愛の表現によって絶大な人気を獲得し、他のアーティストたちにも多大な影響力を持つのが、BUMP OF CHICKENではないかと思う。僕らがこのバンドに出逢ったのは、実はわりと最近のことなんだが、最初は非常に面食らったんだ。

晶子：そう、なんて地味なバンドなんだ、って（笑）。なぜ彼らがこんなに人気があるのか。めったにテレビに出ない彼らが、たまに出演すると大騒ぎになるらしい。これはどういうことなんだろう、と思った。それくらい、最初はその人気の秘密がよくわからなかった。

八潮：そこが気にかかって、彼らの楽曲をかなり聴き込んでみた。ヴォーカルの藤原基央君が、全ての楽曲の作詞・作曲を行なっているので、その歌詞を論じるということは、基本的に藤原君の表現として論じていくつもりなんだが、幼稚園からほとんど一緒のこの4人組のバンド、世代的にはこの本の第一部で取り上げた椎名林檎が1978年生まれだが、ほぼ同じ世代、1979年生まれのメンバーであり、1996年から活動している。彼らのファン層としては、今の30代くらいを中心に、主に20代から40代くらいまで広がっているのではないかと思う。

晶子：彼らのコアなファンは、自分の青春はバンプそのものだ、と認識している。単に同世代はみんな聴いている、

といった世代の共通項としての受け止め方ではなく、自分の誇りは、バンプの曲を理解できる心なんだ、という認識が、バンプファンには見受けられるように思うのね。一人ひとりが、バンプを自分だけの宝物のように受け止めている。そんな風に受け止めさせる、彼らの表現の新しさとは何か、そこがとても気にかかる。ミスチル（Mr.Children）のヴォーカルの桜井和寿君や、コブクロ、後で取り上げる米津玄師君といったアーティストたちも影響を受けているらしい。さらにフィギュアスケートの羽生結弦選手のようなアスリートにも、バンプファンはいるみたい。彼らの表現が、生きることの支えになる、闘うことの支えになるその意味はなんだろう。そこが気にかかる。

八潮：そうなんだ。B'zが、それまでの洋楽の歴史を総括して日本的なロックを編み出した、というのとは、ある意味対極的な気がする。バンプもね、ずいぶんと洋楽は聴き込んで彼らの音楽を形成してきたらしいんだが、聴き心地というものが全く違う。なにかとても日本的なロックが登場したんだなと感じさせられる。初めて聴いたときの地味な印象が忘れられない（笑）。なのに聴衆の熱狂ぶりが凄い。

晶子：シャウトするわけでもなく。派手なパフォーマンスがあるわけでもなく。ぽっきり折れそうに痩せたヴォーカルの藤原君が、透明感のある渋い声と地味な立ち姿で、淡々と淡々とメッセージを紡ぐ。そのメッセージがどんな風に

今の若者たちを支えているのか。受け止める側に、「ついに こういうバンドが登場してくれた」と感じさせた何かがあ るのだと思う。まるで、「カリスマ性」などといった言葉を 自ら拒絶しているかのような、徹底して内向的な表現の意 味を読み解いてみたいよね。

　第一部で取り上げた椎名林檎が、自らの身体を「悴（かじか）んで いる」ととらえ、その限界ゆえに、類的・宇宙的な、四次 元的なコスモスのイメージとつながれるんだ、という自負 を持っていたように、同じ世代のバンプにとっての、自ら の存在イメージの慎ましさというものが、若い世代の渇望 にフィットしたような気がしてならないのね。

　そういう意味で、彼らの表現の核心を端的に示している 楽曲として、「天体観測」（作詞・作曲　藤原基央　2001 年）を取り上げてみましょう。バンプは2000年にメジャー デビューしていて、その翌年の2001年にリリースされた セカンドシングルであり、代表曲といってもいいね。

天体観測（作詞　藤原基央）

午前二時　フミキリに　望遠鏡を担いでった
ベルトに結んだラジオ　雨は降らないらしい

二分後に君が来た　大袈裟（おおげさ）な荷物しょって来た
始めようか　天体観測　ほうき星を探して

深い闇に飲まれないように　精一杯だった
君の震える手を　握ろうとした　あの日は

見えないモノを見ようとして　望遠鏡を覗き込んだ
静寂を切り裂いて　いくつも声が生まれたよ
明日が僕らを呼んだって　返事もろくにしなかった
「イマ」という　ほうき星　君と二人追いかけていた

気が付けばいつだって　ひたすら何か探している
幸せの定義とか　哀しみの置き場とか

生まれたら死ぬまで　ずっと探している
さぁ　始めようか　天体観測　ほうき星を探して

今まで見つけたモノは　全部覚えている
君の震える手を　握れなかった痛みも

知らないモノを知ろうとして　望遠鏡を覗き込んだ
暗闇を照らす様な　微かな光　探したよ
そうして知った痛みを　未だに僕は覚えている
「イマ」という　ほうき星　今も一人追いかけている

背が伸びるにつれて　伝えたい事も増えてった
宛名の無い手紙も　崩れる程　重なった

僕は元気でいるよ　心配事も少ないよ
ただひとつ　今も思い出すよ

予報外れの雨に打たれて　泣きだしそうな
君の震える手を　握れなかった　あの日を

見えてるモノを　見落として　望遠鏡をまた担いで
静寂と暗闇の帰り道を　駆け抜けた
そうして知った痛みが　未だに僕を支えている
「イマ」という　ほうき星　今も一人追いかけている

もう一度君に会おうとして　望遠鏡をまた担いで
前と同じ　午前二時　フミキリまで駆けてくよ
始めようか　天体観測　二分後に君が来なくとも

「イマ」という　ほうき星

君と二人追いかけている

八潮：彼らには優れた楽曲がたくさんあるんだが、この曲に込められた藤原君の思想の密度の濃さというものに、衝たれるんだよね。実に完成度の高い、無駄の無いひきしまった言葉で、メタファーを駆使して精確に表現された思想の中身というものが、彼らの新しさの核心を示しているよう

に思えるね。

晶子：一語たりともおろそかにできないような、緊迫した歌詞なんだよね。藤原君の実存的なたたかいの緊迫感というものがよく伝わってくる。

八潮：藤原君のたたかいにおける、一番の勘どころというのは、自分の弱さに居場所を与えるにはどうすればいいか、ということだと思う。この曲にも、その居場所の与え方への丁寧な試行錯誤というものがにじみ出ているね。

晶子：それと同時に、〈現実〉というものがとてもシビアに実存に圧をかけてくる。その不穏なまでの厳しさというものが、ネガのように浮かび上がっている。その圧に対して、どうすれば自分の弱さというものに居場所を与えられるのか、とても苦しんでいる。
　少年から大人になるという、その鮮やかで息苦しい節目というものに、藤原君がどのような傷を受けたのか、ひしひしと伝わってくるような。

八潮：ただこの曲はね、大人になって現実社会へと出て行きました、少年の自分を切り捨てました、というシンプルなものではなく、大人になる、という節目に直面することによって、実は、生きるということはこういうことなんだ、という実存的な闇に直面した、そのことを歌っていると感

じさせるんだ。そこがこの曲の優れたところだと思う。

晶子：うん、他の楽曲には単純に、子どもから大人へ、という節目における切なさを歌ったものもあるのだけれど、この「天体観測」においては、大人になる、という節目に限らず、実は人は、常にこのような実存的な闇を抱えて生きているんだという、その気づきこそがテーマだと感じさせるね。それが実は「天体観測」ということの意味で。

八潮：そう、いや応なく、人は「天体観測」をしなければならなくなる、そんな機縁というものが訪れることがある。少年が大人になるときには、それがことのほか鮮やかな課題になるわけだが。年を重ねてもね、さまざまな心身の危機に直面すると、人は実存的な闇というものに目を向けなければならなくなる。それをどのように乗り越えるのか、という課題が、現在という時代においては、特に厳しいものとなってしまっているんだ。

晶子：「午前二時」「フミキリ」というのは、思春期、あるいはそういう実存的な危機にしか見ることがない、見る必要がない、そんな時空を象徴しているように感じるね。昔でいうところの丑三つ時（笑）。そして、そこを越えれば日常を超えてしまうという境界線の場所。そこへ、「望遠鏡」を担いでいく。つまり、今までとは違うまなざしが必要、なにかしらの武器が必要。でも、「ベルトに結んだラジ

オ」には、今まで慣れ親しんできた合理的な知や情報とつながっていないと不安だという気持ちがこもっている。「雨は降らないらしい」というラジオの予報を頼りにして、合理的な知と情報の助けを借りて、フミキリまでやってくる。午前二時のフミキリだから、現実の電車は通らない。そんな異次元の空間で、ある意味、観念的な思考実験を試みている。

八潮：「二分後に君が来た　大袈裟な荷物しょって来た」とあるから、この「君」は怖がっているね。ずいぶんと身構えて、あれこれ不安を抱えて準備をして、大袈裟な荷物を用意した。それで少し遅れたのかもしれない。

晶子：藤原君の中に、もう一人の怖がりの自分がいて、とても身構えているのを感じている。

八潮：「始めようか　天体観測　ほうき星を探して」。ほうき星というのは彗星だ。古来、人々は彗星の出現に、なんらかの予兆を感じたり、場合によっては不吉なものとして恐れたりしてきた。ここにも、期待でわくわくするだけの天体観測ではない、怖さもあるけれども、どうしてもこのほうき星を見つけて、自分の生きる道を切り拓かなければならない、そんな切迫したイメージがつきまとっている。

晶子：「深い闇に飲まれないように　精一杯だった／君の

震える手を　握ろうとした　あの日は」とあるね。ここに、繰り返しバンプの楽曲の歌詞に登場する、藤原君のトラウマの原形質のようなものがありそうだよね。ただ大人になるのが怖い、というだけではなく、大人になるというタイミングで見つめることになった闇、生きるということのほんとうの恐ろしさみたいなもの。それに飲み込まれないようにするだけで精一杯だった。その闇に踏み出す勇気を持つ僕がいるわけだけれど、そこで、怖がる君の震える手を握ろうとした。つまり、闇を恐れる弱い自分と共に、踏み出そうとしてみた。でも、自分が闇に飲まれないようにするだけで精一杯だった。後の歌詞で、結局、君の手を握れなかったことが明かされる。

八潮：鋭くて切ないメタファーだね。「見えないモノを見ようとして　望遠鏡を覗き込んだ／静寂を切り裂いて　いくつも声が生まれたよ／明日が僕らを呼んだって　返事もろくにしなかった／「イマ」という　ほうき星　君と二人追いかけていた」ここでね、この二人が見ようとしているもの、天体観測で追いかけているものが、三次元における合理的な知では答えの得られない問いだということがよくわかるね。「明日」という大人の時間へ踏み出すことを強いられるが、そんな三次元の人生の節目なんか意味がないんだと。そんな時間が僕らを呼んだって、返事もせずに、「イマ」というほうき星を追いかけている。三次元的な人生の意味づけではない、自分の生存感覚を真に支えてくれるも

のとしての「見えないモノ」の探求。そのための「天体観測」なんだと。「午前二時のフミキリ」という特別な時空を設定している意味だ。

「静寂を切り裂いて　いくつも声が生まれたよ」では、実存の闇を見つめて、見出したものの姿に、生まれたての赤子のように声を上げている。「イマ」というこのカタカナの時間はね、ほうき星に喩えられる時間だ。過去・現在・未来という三次元の時間、線分的な時間の中の「今」ではなくね。つまり、「第一部」で繰り返し強調した言葉を使うなら、「フーコー的権力(*)」による観念的な意味づけで汚染された時間ではなく、ということだ。そういう、社会化されたライフスタイルの中で強いられた線分的時間という既成観念に毒されない、生きることの絶対感への渇望が、この「イマ」というほうき星を探すということの意味だろう。それを二人で追いかけている。つまり、藤原君の中の、闇へ踏み出そうとする部分と、それに怯える部分の、両方でその絶対感を見出そうとしている。踏み出そうとする部分は、絶対感を得ることで人生を力強く意味づけ、漕ぎ渡ってゆけるのではないかと感じている。怯える部分は、その不可知性と統御不能の混沌に体がすくんでいる。その分極を抱えながら、闇に身を投げ出している藤原君の心の震えが伝わってくるね。

　彼は、既成のモダニズムの世界観によるのではなく、自らの手作りの世界観で、自分の生きる意味・世界風景を紡ぎ出そうとして、実存の闇と格闘しようとしている。生身の

感覚を繊細に研ぎ澄まして闇に身を投じる時の、少年らしい震えるような透き通った感覚が流れているが、それと共にね、不思議に老成・成熟した哀しみのようなものも、僕は感じるんだ。

晶子：そうだね。「気が付けばいつだって　ひたすら何か探している／幸せの定義とか　哀しみの置き場とか」「生まれたら死ぬまで　ずっと探している／さぁ　始めようか　天体観測　ほうき星を探して」というフレーズもね、少年らしさというよりむしろ、人の一生を俯瞰した場所から発している透徹した言葉だよね。どこかお疲れ感まで滲んでいる（笑）。

八潮：「今まで見つけたモノは　全部覚えている／君の震える手を　握れなかった痛みも」とある。また、「知らないモノを知ろうとして　望遠鏡を覗き込んだ／暗闇を照らす様な　微かな光　探したよ／そうして知った痛みを　未だに僕は覚えている／「イマ」という　ほうき星　今も一人追いかけている」このフレーズは、「天体観測」といういわば思考実験の時空において、何が起こったのかを示している。生きるということの本質は何なのか、三次元的な意味を離れて知りたかった「僕」は、必死で望遠鏡を覗き込む。実存的な闇の深さを照らしてくれる光を探して。つまり、生きるということの意味を根源的に支えるものは何か、という問いに対して、答えてくれる光だ。そうして知った

痛みというのは、この観念的な思考実験の中では、本当の答えは手に入らないという痛みのことだったかもしれない。そして、怖がりの「君」の手を握れず、弱さを抱えた自分を置き去りにして、一人、「ほうき星」を追いかけている。その痛みを今も覚えているわけだ。

晶子：「背が伸びるにつれて　伝えたい事も増えてった／宛名の無い手紙も　崩れる程　重なった」ということは、「僕」はこの後、三次元の現実を生き抜いていく。弱さを抱えた「君」を切り捨ててたった一人で。だんだん、伝えたい事が増えていく。それは、現実の厳しさについて知り得たこと、「君」がいないまま生き抜く厳しさと、「君」がいないけれども「君」を覚えていることで支えられている、その痛みの想いかもしれない。
　「僕は元気でいるよ　心配事も少ないよ／ただひとつ　今も思い出すよ」「予報外れの雨に打たれて　泣きだしそうな／君の震える手を　握れなかった　あの日を」つまり、強い方の「僕」は、きちんと現実社会を生き抜いている。心配事も少ない。ただひとつ、あの日、切り捨てた「君」のことを思い出す。ラジオの予報が外れて、雨に打たれてしまったこと。生きるということは、合理的な知や情報では統御できないということ。不可知の混沌に身を投じることが生きるということの本質なんだ、そう知って、怯えて泣き出してしまった「君」がいること。

八潮：「見えてるモノを　見落として　望遠鏡をまた担いで／静寂と暗闇の帰り道を　駆け抜けた／そうして知った痛みが　未だに僕を支えている／「イマ」という　ほうき星今も一人追いかけている」ここに僕は感動するんだけどね。この痛みが「僕」を支えている、という認識だよ。三次元の現実を生きようとして、弱さを切り捨ててしまった。その痛みを忘れてしまえるということはどういうことかというとだね、現実にヘラヘラ笑って適応できるということなんだ。三次元の線分的な時間、社会に強いられている観念的な時間意識というものに、何の抵抗感もなく、なじめるタフさがあるということだ。

　藤原君はね、現実を生き抜くことの厳しさをよくわきまえている。そこから決して目をそらそうとはしない。強く生き抜こうとする。そのことでだね、逆に、自分が切り捨てたものの価値を強く意識し続けているということだ。なんとかもう一度、その価値を、かつてとは別の形で取り戻し、現実と夢、強い自分と弱い自分、そういう分極を超えて、「イマ」というほうき星を掴もうとしている。その力わざを諦めないというマニフェストが、この「天体観測」という楽曲だと感じさせるわけだよ。痛みに支えられるとは、この三次元の現実の価値観というものに、自分を屈服させないということだし、今はまだ、自分自身の不完全な半身だけでしか生きられていないことの意味を、常に痛さとして感じているということだ。

晶子：「見えてるモノ」つまり弱い自分のことを、わかっていたのにスルーしてしまった。弱さからのSOSに気づき、手を握ればよかった。握らなかったことで、今、取り戻すたたかいをしなければならない。今、元気にしているんだから、そんなたたかいをする必要はないじゃないかと思うかもしれないけれど、藤原君にとって、この分極・欠落の意識というのは、最も超えなければならない最優先課題である、と感じさせるよね。片方だけで生きていると、どちらの手も汚れてしまう。「カルマ」（作詞・作曲　藤原基央　2005年）という楽曲があるけれど、そこにはそんな認識がよく表現されている。強い自分・弱い自分、現実の自分・理想を追う自分、どちらかだけで生きてゆこうとすると、どちらもくたびれるし、悲鳴を上げ始めるんだと。両者がひとつになったとき、生きていることの意味に辿り着けるんだと。他の楽曲にもよく登場するイメージなんだけど、かたわれと離ればなれになっているなら、自分のたたかいの跡や涙の跡、流した血の跡を辿って逢いにゆけ、とね。

八潮：だからね、「もう一度君に会おうとして　望遠鏡をまた担いで／前と同じ　午前二時　フミキリまで駆けてくよ／始めようか　天体観測　二分後に君が来なくとも」となる。もう一度「君」に会おうとして、またフミキリへ駆けてゆくんだが、今度は、二分後に「君」が来なくとも、天体観測を始めるんだという。

晶子：なのに、最後のフレーズでは、「「イマ」という　ほうき星」「君と二人追いかけている」と言っている。この矛盾は何？ということだよね。

八潮：そう、さっきは、「今も一人追いかけている」だったのにね。現実社会を生き抜く半身の「僕」が、一人で追いかけるほうき星、それでは掴めない。だから、やはり、午前二時のフミキリへ駆けてゆくんだ。そこで、もう一度、「君」と一緒に追いかけようとする。しかし、二分後に「君」は来ないかもしれない。

晶子：「君」はもう、「僕」と一体化しているから？

八潮：というよりも、まだ分極したままであるかもしれないが、分極したままであったとしても、互いが離ればなれであることの痛みを握りしめながら、互いを感じながら、追いかけているんだと。

晶子：この後のバンプの楽曲のモチベーションというものは、この分極が超えられて一体となった境地の手触りを得たいという、その一点から発生していると感じる。そのためにあくなきたたかいを続けている、といった感触だよね。完全にその境地に到達した場所から聴き手にその手触りを届けるというよりは。

八潮：そうだね。「天体観測」から後、現在に至るまでのバンプの楽曲には、この分極が超えられた境地に立つ「君」とか「あなた」という人物が繰り返し登場する。例えば「supernova」（2005年）や「花の名」（2007年）のような初期作品の数々から、アルバム『RAY』（2014年）や『Butterflies』（2016年）に収められた諸作品を経て、最近の「Spica」（2018年）に至るまで。

　この人物は、「天体観測」に登場する、弱さを抱えた少年のような「君」の魂を内包しながら、その延長上にイメージされた存在とみなしてよいと思うが、「天体観測」の「君」とは違って、分極を超えて「僕」と一体化し得た人物であり、現世の不条理を超える、四次元のまなざしを体得し得た、理想的な人格として想い描かれた「君」なんだ。その「君」こそが、藤原君にとっての真の「かたわれ」的存在だと言っていい。

晶子：うん。

八潮：といっても、その「君」は架空の人物だというわけではなく、初期作品から最近の「Spica」に至るまでの楽曲の流れを辿れば明らかなように、かつて作者が衝撃的な出逢いを持った、実在の人物だと考えられるんだが、同時に、作者によって理想化された「君」でもあるんだ。その理想化された「君」は、作者である現実の藤原君からは隔たった所に居る、聖なる存在として仰ぎ見られており、だから

こそ、「君」は、しばしば楽曲の中で「星」に喩えられる。

晶子：たしかにね。「ほうき星」のイメージと重ねられた「君」、すなわち四次元と一体になって生の絶対感を体得し得た「君」だよね。藤原君にとって、その「君」によって象徴される境地は、自分にとって及び難い、聖なる「星」のような輝ける場所なのかもしれないね。

　でも、彼は決して、「君」の代弁者になろうなどとは思っていない。「君」と自分との距離をしっかりとわきまえ、それを痛みとして握りしめながら「君」への憧れ・愛を繰り返し歌おうとしてきた。「君」という「かたわれ」と一体化はできないけれども、「君」への愛を歌い続けることで、己れの内なる聖なるものを必死で守りながら、不条理な三次元の現実を生き抜こうとしてきたわけだ。

八潮：その通りだと思うよ。決して、「君」と一体化できているなどといった、カリスマ的な代弁者の場所に立とうとはしていない。

晶子：そう。バンプは、カリスマという場所を断固拒絶するような慎ましさがあって、自分たちの楽曲が、カリスマの特権的な場所からのメッセージにならないように、いつも気をつけているような印象があるね。

八潮：そのストイックさは並外れたものがあるね。だが、

そのメッセージをよく聴いてみると、実は厳しい父性原理のようなものを感じることがある。現実から目を背けるな、この現実の大地に足を着けよ、というメッセージの厳しさがある。

晶子：うん、「ギルド」（作詞・作曲　藤原基央　2004年）という楽曲の厳しさなんて、有無を言わせぬモノがあります（笑）。この世界を、自分らしくきちんとたたかって生き抜くために選んだ強さのはずが、いや応なく強いられた三次元の現実に適応し、身をかわすために駆使する強さでしかなくなっていることに気づく。疲れている、汚れていることに気づく。現実を忌避して逃げ込んだ「檻」の隙間から自分を引きずり出してでも、世界を自分のものとして生きろ、汚れも弱さも引き受けて、その姿で生きろというメッセージ。藤原君が、自分自身に対して強靱な父性原理を駆使してたたかっている感じがする。

　フィギュアスケートの羽生結弦選手がバンプのファンだ、ということの意味が分かるような気がするんだよね（笑）。ほんとうの自分の滑りをするってどういうことか。審査員の採点基準はいわば三次元の現実。それを避けるわけにはいかない。目を開けて見なければならない。でも、そのために、自分の技術的な能力だけ、強さだけを駆使していると、疲れてくる。滑るとはどういうことか、から離れてゆく。それは汚れてゆくことでもある。切り捨てたはずの弱さともう一度出会い直して、自分だけの滑りをしなければ

いけない。

八潮：突出した非日常的な世界を生きるアスリートのたたかい方というものが、実は、誰もが抱えている実存の闇なんだ、そういう時代が現在だということも言えるね。バンプの巨大なファン層というものは、そういう現在の厳しさについて意識的・無意識的に鋭敏な若者を中心として、〈生き難さ〉を感じている幅広い大衆、ということなんだろうね。

晶子：弱さも迷いも肯定しろ、というメッセージは、弱さへの優しさであり、強くなれない者たちへの免罪符であるなどと思ったら大間違い、というところがバンプにはあるね。ほんとうの強さとは何か、世界を自分のものとして生きるとはどういうことか、迷子になっているのはどういう時か、もう一度自分らしく主体的に歩き出すためには何が必要か。現実を見据えながら、たたかえと言っている。

八潮：観念的な思考実験の中で、ヴァーチャルな夢を描くことは簡単だ。そこではいともやすやすと夢を手にすることができる。それがとんでもない迷走を生む。実際に現実の大地に足を着けて初めて、届かない夢の遠さを知る。夢と現実の正しい距離がわかる。そのことできちんと現実を踏み出すことができる。そういうビターな認識があるね。

晶子：「プラネタリウム」（作詞・作曲　藤原基央　2005年）にもそれを感じるね。四畳半で手作りのプラネタリウムで触れた星と、四畳半の外に巡る現実の星空との違い。この「星」はまた、作者が憧憬を抱く「かたわれ」としての「君」のイメージとも重ね合わせられている。四畳半の手作りの星は、作者の勝手な夢想の中で描かれた「君」のイメージ、現実の星は、作者と隔たった場所を生きている、「君」の実像。

八潮：そうだね。三次元の現実を決してなめるな、きちんと大地に足を着けろ、という、強迫的なまでの厳しさが、どんな楽曲にも底流している。聴き手との、その厳しさの共有が、バンプの新しさの核心にはありそうだね。

晶子：そこで置き去りにしてしまう自分の弱さであるとか、柔らかさであるとか、そういうものの居場所を自分の中に作らなければならない。なんだかね、ユング心理学的な心理療法を自分自身に施しているような、そんな藤原君の内なるたたかいの姿を感じるんだけど、この心理療法的なたたかいを、自分自身の中だけにとどめず、他者との関係において実践してゆこうとすると、「メーデー」（作詞・作曲藤原基央　2007年）のような楽曲になる。

メーデー（作詞　藤原基央）

君に嫌われた君の　沈黙が聴こえた
君の目の前に居るのに　遠くから聴こえた

発信源を探したら　辿り着いた水溜まり
これが人の心なら　深さなど解らない

呼ばれたのが　僕でも僕じゃないとしても
どうでもいい事だろう　問題は別にあるんだ

息は持つだろうか　深い心の底まで
君が沈めた君を　見つけるまで潜るつもりさ
苦しさと比例して　僕らは近付ける
再び呼吸をする時は　君と一緒に

僕もまた同じ様に　沈黙を聴かれた
君もまた同じ様に　飛び込んでくれるなら

口付けを預け合おう　無くさずに持っていこう
君に嫌われた君へ　代わりに届けるよ

誰もが違う生き物　他人同士だから
寂しさを知った時は　温もりに気付けるんだ

勇気はあるだろうか　一度心覗いたら
君が隠した痛み　ひとつ残らず知ってしまうよ
傷付ける代わりに　同じだけ傷付こう
分かち合えるもんじゃないのなら　二倍あればいい

怖いのさ　僕も君も
自分を見るのも見せるのも　或いは誰かを覗くのも
でも　精一杯送っていた　沈めた自分から
祈る様なメーデー

響く救難信号　深い心の片隅
こんなところにいたの　側(そば)においで　逃げなくていいよ
触れた発信源に　届けるよ　口付け
君から預かってきたんだよ

勇気はあるだろうか　一度手を繋いだら
離さないまま外まで　連れていくよ　信じていいよ
息は持つだろうか　眩(まぶ)しい心の外まで
再び呼吸をする時は　君と一緒に

....

八潮：実に感動的な詩であり、思想であるし、ここには、藤
原君が手作りで紡いできた固有のまなざし、固有の世界風
景、他者との関係を意味づける時の粘り強い意志を感じる
んだ。

70

晶子：2007年10月にリリースされたシングルなんだけれど、「天体観測」で繰り広げられたもう一人の自分の居場所探しの、応用編であると言えそうね。自分一人の中で完結させるのではなく、他者との関係において、互いに相手の内に沈んでいるもう一人の相手を救助し合うというドラマになっているよね。

八潮：自分一人の内なるかたわれというのは、見つけるのも居場所を与えるのも難しいものだ。そのせいで迷走も起こる。他者との間で、これを互いに見つけ合うなら、それは愛のテーマにとって、意義深い回答になる。

晶子：メーデーというタイトルは、この三次元の現実というものに痛めつけられ、そこに適応するには邪魔だからといって、自分で嫌って沈めた自分、それがSOSを発している、そんなイメージを想起させるね。その沈黙のSOSに気づいて、他者とこの生を共に謳歌したい。そんな祈りが込められているかのような。

八潮：「呼ばれたのが　僕でも僕じゃないとしても／どうでもいい事だろう　問題は別にあるんだ」って、これ、藤原君らしい着眼だねえ。何が大事かというと、息が持つかどうか、だと考えている。相手の心の底に飛び込む以上は、苦しさに比例して相手と近づけることを信じて、必ず見つけるまで潜ると言っている。「再び呼吸をする時は　君と一

緒に」これ、感動的なフレーズだよ。つまり、自分が呼ばれたのでなかったとしてもだ、そのSOSを聴いてしまったことを縁として、互いの心の底に潜り合って相手と再び呼吸できたなら、そのことが、出逢いの絶対感になると言っている。命がけの行為を共にくぐり抜けることが、絶対感になる。

晶子：「口付けを預け合おう」もいいよね。「誰もが違う生き物」であるということを、肯定的に捉える手つきが素晴らしいと思う。そして、一度心を覗いたら、相手の隠した痛みを一つ残らず知ってしまうことになる、という認識。同じだけ傷つく覚悟が要る。その勇気はあるだろうか、という問い。

八潮：ごまかさずに、それを怖いと言っている。「でも　精一杯送っていた　沈めた自分から／祈る様なメーデー」

晶子：「一度手を繋いだら／離さないまま外まで　連れていくよ　信じていいよ」に胸が熱くなるんだよね。「天体観測」で模索されていた、もう一人の自分との一体化、それが、他者との間で達成される時の、なんとも言えない熱い手触りを感じるね。

八潮：この曲を聴くとね、「天体観測」での観念的な思考実験の果てに、かたわれとしての自分ときちんと出逢い、そ

れを踏まえて他者と深く出逢い、それをベースにして、この世界と出逢い直せる、世界に身体を開いてゆける、と感じさせられる。そういう地道なプロセスによって、丁寧に自分を愛し、他者を愛し、世界を愛せるんだ、という勇気を与えられる。若者たちは、バンプのそういう誠実なメッセージに背中を押されているんだということが、よく伝わってくる。

晶子：ここでも父性原理は健在な気がするけどね(笑)。勇気がいるぞ、覚悟がいるぞって。でも、その分、歓びも得られる。二倍得られる。

八潮：こういう愛の形を歌ったロックは、かつて無かったんだ。三次元の現実は、社会の圧力としてある、ならぶっ飛ばそうぜ、というシンプルな反抗の形や、自分の得た絶対感を手放しで謳歌するロックならあったわけだが、絶対感そのものを得るのにこれほど苦労するんだ、という、その艱難辛苦の道のりを丁寧に届ける、そんなロックはかつて無かったよね。こういうバンプのメッセージというものに、若者たちが敏感に反応したということは、それだけ三次元の現実というものの息苦しさに誰もが息も絶えだえであるということの裏返しでもあるし、それを解きほぐすための手がかりが欲しい、そういう渇望の蔓延の証でもあるだろうね。

晶子：もう一曲、「R.I.P.」（作詞・作曲　藤原基央　2009年)という作品を取り上げてみたいんだけど。これは、「メーデー」のその先の課題が扱われているとも言える。「メーデー」に表現されているような方法意識によって他者と出逢うことができたとしても、その出逢いは、ともすれば相手への我執(がしゅう)に転じてしまいやすい。君の痛みを僕ほどわかっている人間はいない、とか、僕の苦しみをわかってくれるのは君だけだ、とかね。そういう思い上がりに転じやすいという難しさがある。それをこの「R.I.P.」という曲は戒めながら、慎ましくも温かい、他者への畏怖(いふ)と共有の物語として織り上げようとしている。2009年11月リリースのシングル。

R.I.P.（作詞　藤原基央）

そこに君が居なかった事　そこに僕が居なかった事
こんな当然を思うだけで　今がこれ程

ダイナモの音　うねる坂道　憧れのギア　いじった誰か
ザリ釣り帰り　謎のサーチライト　始まり探し　迷ったら夜

不思議が忘れるくらいあった　そのいくつかの魔法はもう解けてしまった

長靴は嫌い　傘は大好き　重ねたらほら　これ秘密基地
自転車置き場　会いに通った　尻尾の生えた内緒の友達

言えない事が今よりもあった　寂しいのは失くしたからじゃない

そこに君が居なかった事　分かち合えない遠い日の事
こんな当然を思うだけで　すぐに景色が滲(にじ)むよ

体温計で　ズルして早退　下足箱に斜陽　溜め息ひとつ
母の日の朝　父さんとシャベルで　尻尾の付いた友達の墓

悲しい事は宝物になった
君もきっと　そりゃもう沢山(たくさん)持っているでしょう

そこに僕が居なかった事　今は側(そば)に居られる事
こんな当然を思うだけで　世界中が輝くよ

同じもの見られたら　それだけでいい
同じ気持ちじゃなくても　それだけでいい
変わっていくのなら　全て見ておきたい
居なくなるのなら　居た事を知りたい

ここに誰が居たかっただろう　それが僕にもなり得る事
こんな当然を思うだけで　眠れない程怖いんだよ

そこに君が居なかった事　そこに僕が居なかった事
こんな当然を思うだけで　今がこれ程愛しいんだよ
怖いんだよ

アドバルーンの下　催事場のヒーロー　光化学スモッグ　手を
引かれた野球帽
地球で一番　幸せだと思った　あの日の僕に　君を見せたい

....

八潮：少年時代の、まだ時間が線分的になり切っていない
頃の、つまり世界に「**魔法**」がかかっていた頃の風景が、み
ずみずしく点綴されているね。「**不思議**」や「**言えない事**」
がたくさんあった少年時代。寂しいのは、それを失くしてし
まったからではない、と言っている。逆に、誰もがそうい
うみずみずしい時代を持っているんだが、それを、今、す
ぐそばに居るからといって、共有できないということの寂
しさだ。「**分かち合えない**」という感覚だ。目の前に居る相
手と決して共有することができない、それぞれに固有の宝
物、魔法がかかっていた世界風景の思い出というものがあ
る。それは「**当然**」のことなんだが、藤原君は、その当然
に涙ぐむ。それは、寂しいことでもあるが、「**世界中が輝
く**」ことでもある。

晶子：その、今の時間の共有のあり方において、「**同じも
の見られたら　それだけでいい／同じ気持ちじゃなくても**

それだけでいい」という、ここも、藤原君らしいストイックさだよね。同じものを見ているんだから、同じ気持ちで見ていたい、そんな傲慢な一体化願望に陥らないところが。同じものを見ていても、全く別の気持ちになる、それが人間というもので、一人ずつ全く違う生き物なんだ、そういう他者性の認識の厳しさ。

八潮：しかも、相手の側に、自分以外の誰かが居たかったのに、居られない、そんな巡り合わせもあり得るということを想像し、その、居たいのに居られないのが自分自身であるかもしれないんだ、ということに、「**眠れない程怖い**」と感じてしまう。この感受性の慎ましさには感動するんだよね。こんな愛を歌った曲があっただろうか。

晶子：互いの過去の魔法の時間において、側に居なかったという当然を思うだけで、今が愛しく、怖いと感じる。こんな切ない時間意識において愛を歌うという新しさ。

八潮：愛の強さを歌おうとすると、普通、僕こそが君を一番理解しているんだとか、君だけが僕のこの苦しみを理解してくれるんだとか、そういう一体化願望の暴走となりやすいものだ。それをここまで厳しく戒めるこの藤原君のまなざしというものに、多くの若者が熱狂するということにも、感銘を受けるんだよね。

晶子：だれかの側に居るということ、それは、自分ではない
かもしれなかった。「メーデー」にも、「**呼ばれたのが　僕
でも僕じゃないとしても／どうでもいい事だろう　問題は
別にあるんだ**」と歌っていたね。相手との出逢いというも
のの絶対感を、一度徹底的に相対化してみようという目線
があるね。相手の心の底に沈められた想いや、固有の過去
の時間、そういうものに届く想像力というものを持てるか
どうか、それが絶対感を決めるんだ、と考えている。「同じ
悲しみを聴き合ったのだから、同志だ」ではなく。その悲
しみの深さとそれへの想像力・共感能力の深さや覚悟が問
題なんだ、と。

八潮：孤独な単体としてこの三次元の現実に放り出されて
いる近代人としての僕らはね、ともすれば、「あ、同じだ」
と感じると、すぐに一体化願望へと暴走する。それが愛の
迷走を生む。そういう一体化願望による暴走に対して、こ
んなにも繊細でもの柔らかなアンチテーゼを突きつけるこ
とのできる、藤原君の渋いまなざしというものにね、僕は
畏敬の念をおぼえずにはいられないよ。

晶子：今の若者たちに対して、「自分は絶対感をおぼえる相
手と出逢えてるんだ」という場所からメッセージを歌うこ
と、それを徹底して拒絶する藤原君。そんな出逢いというも
のにまだめぐり逢えていない若者たちがたくさんいる。出
逢いそこなって迷走している場合もある。そういう若者た

ちに対して、じゃあ、どうすれば他者ときちんと出逢うことができるのか、その手続きを、まずは「自分自身の内なるかたわれの居場所の与え方」から始めて、その応用編としての「他者の内に沈められたもう一人の他者との出逢い方」へ、丁寧に解きほぐして訴えかけようとしている。そういう姿が見えてくるように思うね。

八潮：この「R.I.P.」というタイトル、これは「Rest in Peace」つまり安らかに眠れ、といった、墓碑銘に使われる言葉であるらしいんだが、ここでは、少年時代の魔法の時間に対する墓碑銘のようなイメージかな。

晶子：相手の内なる墓碑銘、自分の内なる墓碑銘、それぞれ、魔法を失くしたんだけど、失ったことを宝物として、今生きている。その過去の宝物を共有することができない、そこに寂しさを感じている。そして、その寂しさを必要なことだと認識している。他者性というものを、喪失とセットで自分の身体に刻み込もうとする手つきが、なんとも慎ましくて温かいよね。

八潮：現在という時代の、愛の迷走を超えてゆくための、大事なまなざしなんだが、藤原君の痛々しさでもあるのは、この「魔法」の喪失という認識だ。三次元の現実を生きようとすれば、どうしても「魔法」が消えてゆく。その認識には、あまりにも強固なこの三次元のもつ重力への屈服を、

僕は感じないではいられない。

　その現実をごまかさずに見据えて、踏み出すからこそ、自分の弱さ、柔らかさ、三次元の現実なんかに回収されない価値の重要性というものにも気付ける、それらに居場所を与えられる。その道筋の説得力というものを僕も肯定するけれども、三次元の現実を三次元だと思ってしまったら、その瞬間に「魔法」は消えてしまうんだよ。そこから、彼の疲弊感が生じてしまっているようにも感じてしまう。

晶子：たしかに、最近のバンプの楽曲には、ある種の疲弊感が滲んでいるね。自分のかたわれに居場所を与えても与えても、繰り返し襲ってくる重力のプレッシャー。疲れ切った体と心。即自的に四次元的・類的なコスモスと繋がることのできない閉塞感というものが、彼らを苦しめている気がする。同世代の椎名林檎が、自分の身体を「悴んでいる」と認識しているのと同様に、藤原君も、そのままでは類的なコスモスに身体を開くことができないと感じている。手続きとしては、まず自分自身の内なるかたわれに居場所を与える。次いで、他者の内なるもう一人の他者と出逢う、そして類的なコスモスへ、と進みたいところだけれど、そのコスミックな世界によって自分の存在の根っこを保証されているという安心感を抱くのが難しい。「R.I.P.」でも、なにか不条理な運命の手によって、誰かの側に居るという物語が突然奪われてしまうんじゃないか、そんな恐怖感も滲んでいるよね。そして、自分が今出逢っているか

たわれのような相手との時間、「天体観測」的に言うなら「イマ」というほうき星、これを手に入れているということの背景に、それを手に入れられなかった無数の誰かの想いがあるのではないか、と想像して怖くなってしまう。どうかそのような想いたちよ、安らかに眠れ、という鎮魂歌でもある。

　自分の手に入れたこの「イマ」もまた、いつ、なんらかの不条理によって奪われるかわからない。その想いにも、先に「R.I.P.」と刻んでおこう、みたいなね。

　つまり、わかりやすく喩えるなら、高校野球での決勝戦、両チームとも、この場に立てなかったたくさんの出場校の想いも背負って戦います、というのにも似た、自分の「イマ」というほうき星を手に入れられなかった無数の想いへの畏れの念というものが、藤原君の「ほうき星」の輝かせ方でもあるような。「カルマ」にもあったけれど、強さと弱さであるとか、現実と夢といった二律背反が、同時に一つの場所を占めることができない、という厳しい認識が彼には強い。自分がなんらかの場所をとれば、誰かを弾き飛ばしてしまっているのかもしれない、そんな、人間存在の原罪的な意識、太宰治にも見られるものだけれども、そういう意識が根深くしがらんでいるようにも感じるね。太宰的なアーティストだということだよね。

八潮：そうだね、そういう原罪意識、そして存在への〈信〉のか細さがあればこそ、彼は同じ苦しみを抱えた若者たち

とつながれるんだが、その〈信〉がか細いままでこの現実の重力とたたかうのは、ほんとうに疲れることだよ。太宰もそれで倒れたわけだ。

　藤原君は、子どもの頃の魔法が消えたと思っているようだが、彼は「イマ」というほうき星に、子どもの頃とは別の意味の魔法をきちんと見ていると思うんだ。その魔法のあり方というものへの〈信〉の気持ちをね、どんどん野太くしてゆくことは可能だと僕は思うんだよ。現在の、自分自身を悴んでいると認識している若者たち、彼らには、もう「魔法」が消えた、という想いが強いのだろうと思うけどね。あるいは、「魔法」の恩恵なんか一度もこうむったことがない、そんな風に感じている若者もたくさんいるように思うけれどもね。僕の言う「魔法」というのは、この三次元の現実と分極した形で存在するんじゃないんだ。第一部でも述べたことだが、僕が〈闇〉という言葉を使うとき、それは心のどろどろとした暗部といった偏った意味ではなく、僕らの存在を根源的なところで支えてくれる四次元的なコスモスのことなんだが、それは、決して現実と分極した幻想空間として存在するのではない、ということをあらためて訴えたいね。

晶子：その分極を超えたくて、藤原君も、かたわれの居場所を求めて闘っている。分極の構図を痛いほどよく認識しながら、それを超えたいという渇望もまた激しい。だからこそ、分極を超えた、理想化された「君」という、聖なる

存在への愛を歌い続けてきた。そういうアーティストとして、現在において極めて独自の光彩を放っている。バンプに自分の心を育てられたと感じている多くの若者たちの存在は、そのまま、現在という時代の、痛々しい分極と、その超克への渇望の表われとも言えそうだね。

[註]

＊**フーコー的権力**　20世紀フランスの哲学者ミシェル・フーコー（1926－1984）が唱えた権力概念。個々人が身を置く生活の現場で、接触する対象によって喚起された〈情動〉の揺らぎを通して、意識的・無意識的に人にある生き方を強いてくる（あるいは、ある〈まなざし〉を強いてくる）、ミクロな権力のこと。

# #

「君」がいればできること

■ RADWIMPS「前前前世」

晶子：今まさに語ってきた現代人の痛々しい「分極」の形と、その超克への渇望というものを、とても鮮やかに象徴するバンドとして、RADWIMPS（ラッドウィンプス）を論じないわけにはいかないという気がするね。

八潮：そうだね、本書の「かたわれ探し」というテーマが、そのままこのバンドの表現の中心的なモチーフだと言ってもいいんじゃないだろうか。

　新海誠監督のアニメーション『君の名は。』（2016年公開）が「かたわれ探し」をテーマとした作品であり、このアニメに多くの人々が熱狂したことは最初に述べた通りだが、このアニメーション映画の主題歌が「前前前世」（作詞・作曲　野田洋次郎　2016年）という楽曲だ。映画と一心同体といったイメージで、この曲も大ヒットしたようだね。

　また、RADWIMPSは、メンバー全員が1985年生まれ、2001年から活動しているらしい。このあたりの世代にとって、BUMP OF CHICKENの影響というものは、大きかったかもしれない。

晶子：ただ、方向性としてはバンプと真逆だと感じるところもあるね。こうやって「かたわれ探し」をテーマに語り合うことになって、改めてこの曲を聴き直してみると、以前聴いたときよりも沁みるものがありました（笑）。

　まずは歌詞をよく味わってみましょう。

前前前世（作詞　野田洋次郎）

やっと眼を覚ましたかい
それなのになぜ眼も合わせやしないんだい？
「遅いよ」と怒る君　これでもやれるだけ飛ばしてきたんだよ

心が身体を追い越してきたんだよ

君の髪や瞳だけで胸が痛いよ
同じ時を吸いこんで離したくないよ
遙か昔から知る　その声に
生まれてはじめて　何を言えばいい？

君の前前前世から僕は　君を探しはじめたよ
そのぶきっちょな笑い方をめがけて　やってきたんだよ

君が全然全部なくなって　チリヂリになったって
もう迷わない　また１から探しはじめるさ
むしろ０から　また宇宙をはじめてみようか

どっから話すかな　君が眠っていた間のストーリー
何億　何光年分の物語を語りにきたんだよ
けどいざその姿この眼に映すと

君も知らぬ君とジャレて　戯れたいよ
君の消えぬ痛みまで愛してみたいよ
銀河何個分かの　果てに出逢えた
その手を壊さずに　どう握ったならいい?

君の前前前世から僕は　君を探しはじめたよ
その騒がしい声と涙をめがけ　やってきたんだよ

そんな革命前夜の僕らを誰が止めるというんだろう
もう迷わない　君のハートに旗を立てるよ
君は僕から諦め方を　奪い取ったの

私たち越えれるかな　この先の未来　数えきれぬ困難を
言ったろう?　二人なら　笑って返り討ちにきっとできるさ
君以外の武器は　他にはいらないんだ

前前前世から僕は　君を探しはじめたよ
そのぶきっちょな笑い方をめがけて　やってきたんだよ

君が全然全部なくなって　チリヂリになったって
もう迷わない　また1から探しはじめるさ
何光年でも　この歌を口ずさみながら

八潮：このバンドの作品は、ヴォーカルである野田洋次郎

君が作詞・作曲を手がけているらしい。この歌詞にも、野田君の「かたわれ」についての想いが濃密に込められているのを感じる。この章のタイトルを、「「君」がいればできること」としてみたのも、野田君の表現の核心をひと言で表わすなら、というイメージなんだ。

　ここには、「君」がいれば、「僕」には何ができるのかということが、ある切迫したテンションで弾けるように歌われているのがわかると思う。

晶子：何光年、銀河何個分、それくらいのスケールを舞台にして、「君」という「かたわれ」を探し、見つけ出した「僕」の想いが歌われているのだけれど、なぜ、それほどのスケールを舞台にして「かたわれ探し」のイメージを抱かなければならないのか、という問題がまず気になるね。出逢いの根拠というもの、それを現世の中だけではなく、「前前前世」くらいに求めないではいられないという感情。そのくらい前に、すでに出逢っていたんだ、やっと逢えた、という風にして、出逢いの絶対感を握りしめようとする。「遅いよ」と「君」が怒るということは、すでに一度出逢っていて、はぐれていた時間が長くて、やっと再び出逢い直せたということだよね。つまり、「僕」は、「かたわれ」の相手がどこの誰か分からない旅をしているのではなく、相手が「君」だというのはわかりきっている。問題は、その「君」を探して、見つけられるかどうかなんだ、と。

　今回、この曲を聴き直して一番ぐっときたのは、その絶

対感の握りしめ方の感覚でね。「**遙か昔から知る　その声に／生まれてはじめて　何を言えばいい？**」とあるよね。この感覚は、私、とても素直に深く納得できるものなのね。

八潮：第一部でも貴女、そう言っていたよね。初めて会ったのに「よ、久しぶり」みたいな感覚になる相手がいるものだ、って（笑）。そういう感覚に導かれるべきだ、みたいなことを。

晶子：そう。いつも導かれてますよ（笑）。人であれ、風景であれ、絵画や音楽や小説といった誰かの表現であれ、絶対感をおぼえる時というのは、圧倒的な懐かしさと同時に真っさらな新鮮さというものに包まれる。この野田君のフレーズは、そういう感覚をよく知っている人の言葉だな、と。
　つまり、現実において意味のあるものというのは、その根拠が、この現実を超えた時空感覚の中にある。その時空感覚というものを背負って、世界や存在や関係というものをいつも見ている人の言葉だな、と。その時空感覚の中で、この現実の意味が煌（きら）めいたり愛（いと）おしかったりする。

八潮：歌詞全体に、そういう二つの感覚が流れているね。遙か昔に出逢っている、あるいは昔、一つの魂だった、そこから一度はぐれてしまった相手を探して、ようやく見つけた。その遙かな時間の感覚と同時に、今、目の前にいる「君」の存在の、いかにも現世的な生身の手触りを愛おしむ

感覚。「そのぶきっちょな笑い方をめがけて　やってきたんだよ」とか、「その騒がしい声と涙をめがけ　やってきたんだよ」とか。

晶子：そうそう、「君」のそういうとこなら、とっくによく知ってるよ、みたいなね。現世的な軽やかな愛おしみに、遙か昔から探してきたという重みがかぶさっているのがツボです（笑）。「君の髪や瞳だけで胸が痛いよ／同じ時を吸いこんで離したくないよ」そして「君も知らぬ君とジャレて戯れたいよ／君の消えぬ痛みまで愛してみたいよ／銀河何個分かの　果てに出逢えた／その手を壊さずに　どう握ったならいい？」とある。目の前の「君」の髪や瞳だけで胸が痛くなるのは、何億光年も探してきたもので、懐かしくてたまらないから。ようやく今、同じ時を吸い込める。もう二度と離さない、という決意。目の前の「君」は、ずっと眠っていたから知らないかもしれないけれど、その「君」も知らない「君」とジャレて戯れたいんだ、と。「君」の消えない痛み、それは「君」がどこかの過去世でこうむったトラウマかもしれない、現世の「君」は忘れてしまっているかもしれないが、消えることなく、今の「君」の魂に潜んでいる。それまで愛したい、という。遙かな時空を超えて出逢えた、その君の「手を壊さずに　どう握ったならいい？」という問いに、きゅんとなってしまう（笑）。「君」の過去世まで込みで握るのがいいのか、それを知らないフリして握るのがいいのか、ただただ現世の手として握るの

がいいのか、もう、やっと出逢えた「僕」にとっては、君を壊さないための正解がなんなのか、悩ましくて悶えている（笑）。

八潮：この認識のギャップが面白いと思う（笑）。「僕」だけが、「君」を探して長旅をしてきているせいで、「君」の魂の過去世を含んで「君」の全体をとらえている。「君」は、そこに無頓着なんだよね。「君」はその間、眠っていたことになっている。その間のストーリーを、「僕」は「君」に語りに来たんだ、と言う。

晶子：「君」の方は、「僕」の長旅の苦労には無頓着だけど、見つけてくれることは確信して、横着に眠って待ってる（笑）。昨今、ソウルメイトであるとか、ツインソウルであるとか、「かたわれ」という存在をスピリチュアルないしコスミックな時空概念で探し求めたいという渇望がひろまっているし、こういう歌詞は、かなりすんなり受け容れられる時代だと思う。そして女性は、そこまで長旅して見つけましたと言われると弱いかも（笑）。

　こういう感覚というのは、この生身の肉体や、現世という有限の世界の外に、存在の根拠を求めたいという渇望に根ざしていて、「自分には、過去に一つの魂として存在していたかたわれ、ソウルメイトがいるんだ」というイメージは、端的にその渇望を満たしてくれる。女性は特にこういうイメージを持ちたい生き物だけれど、野田君や新海誠監

督には、そういう意味で女性的なところがあるかも。

八潮：野田君の表現における「かたわれ」というのは、そういうソウルメイトとかツインソウルといったイメージを強く感じさせるね。そして、大事なことは、その「かたわれ」と出逢う、もう一度見つけるということが、どういう意味を持っているのか、ということだ。野田君がその「かたわれ」との出逢いというイメージによって、何ができると考えているのか、というポイントだよ。

晶子：そう、いきなり「**革命前夜の僕ら**」という言葉が登場するからね。唐突に聞こえるけれども、ここがRADWIMPSならではの世界観だと思う。

八潮：野田君の「革命」とは何か、ということだ。「**そんな革命前夜の僕らを誰が止めるというんだろう／もう迷わない　君のハートに旗を立てるよ／君は僕から諦め方を　奪い取ったの**」と言う。

晶子：そして、せっかく出逢えたというのに、「**君が全然全部なくなって　チリヂリになったって／もう迷わない　また1から探しはじめるさ／むしろ0から　また宇宙をはじめてみようか**」と言っている。おいおい、手を離さないんじゃなかったの、みたいな（笑）。

八潮：つまり、「君」と出逢えたことで、何ができるかということが問題なのであって、本質的には、「君」を二度と離さないことが問題なんじゃないんだよ。あえて「**君が全然全部なくなって　チリヂリになったって**」と設定してみる野田君がいる。かつて出逢った「かたわれ」を、もう一度きちんと見つけたことが大事なんだよ。そうしたら、もう迷わないし、君が全部なくなってしまうことだって怖くはないんだ。また1から探すのも苦にならないし、むしろ0から、今度は「宇宙」をはじめることだってできると言っている。これ、実に壮大な転換だよ。どれだけ混沌にたたき込まれても、きちんと「君」を見つけたという自信さえあれば、どんな未知やカオスにも耐えられるんだ。宇宙そのものを自ら産み出せる、という勢いなんだよ。

「かたわれ」の根拠を前世に求めるのが女性的、とさっき言ったけれども、この「革命」のイメージへと転換するところは、逆に男性的な資質だとも言える。そういう世直し的な壮大な観念性は、女性はあまり持たないからね（笑）。

晶子：さりげない歌詞だけれども、ここには、野田君の非常に切迫した実存的な危機感というものが根深く表現されているような気がするね。ある種、観念的な思考実験のようなものにいつも自分を晒している。世界が明日、なくなってしまったらどうなるのか。突然、大事な人を失ったらどうなるのか。そのとき、自分の存在はどうあるべきなのか。そんな問いかけに、常に魂を追い込んでいる。哲学的な思

考実験の現場を吐露しているようなね。

八潮：「君」を見つけることさえできれば、「僕」はあらゆる怖れから解放されている。大切な「君」が全部なくなることも怖くない。「宇宙」そのものを0から始めることだってできる。彼の言う「革命」とはつまり、一人ひとりが実存的な究極の問いに魂を晒された場所で、この世界の成り立ちを、意味のあるものとして信じられるようになること。そういう世界観へと人々を変容させることができる。そういう魂の革命のことだと言っていいんじゃないかと思う。

　野田君をいつも追い詰めているものというのは、この「現世」を、いわば大人の理屈で狭苦しく規定している三次元的な世界観のことだろう。ちょうど僕らがこの本で繰り返し語ってきた、可視的・合理的なモダニズム的世界観というヤツのことだと言ってもいいと思う。野田君は、その狭苦しい「現世」という枠組みの中だけに、存在や出逢いの根拠を置かされることに、反逆したいわけなんだ。そんな場所で僕らは生きていないぞ、と。「君」と出逢うということの根拠は、何億光年、銀河何個分という壮大なスケールのコスモスの中にこそあるんだ、と。そう考えてはじめて、自分や他者の存在、人と人が出逢うということの意味を、きちんと生身の手触りを帯びて握りしめられる。生きることの手応えが得られる。そういう世界観への、人々の魂の変容を「革命」と呼ぶ。

　野田君の作品には、そういう大衆的な規模の魂の変容に、

表現を通して貢献したいという、野心、志のようなものを感じるんだ。

晶子：そういう大人の理屈によって貶（おとし）められている価値というものを握りしめ、ほんとうの生の手応えを得たい。そこにロックの真髄を見ているという意味で、野田君もまた、先の章で論じたBUMP OF CHICKEN同様、新しい世代のロック魂の持ち主だよね。

八潮：「もう迷わない　君のハートに旗を立てるよ」というフレーズも、バンプに通じるものがあるね。魂の「かたわれ」に出逢えたなら、そのハートに立てた旗が目印なんだと。その旗を目印にして闘える者たちは同志なんだと。そしてもう、迷わないし、諦めないと。

晶子：RADWIMPSには、バンプよりも観念的な哲学青年のようなニュアンスの強いところがあって、その観念性の強さがナチュラルな抒情を損ねる部分もあるなあと思っていたんだけれど、今回聴き直して、その観念性も含めて奇妙に現在的な気がしたのね。

八潮：うん、この観念性には、たしかに男ならではの突出した誇大妄想的なところがある（笑）。

晶子：うん、でもね、今という時代は、誰もがこういう誇

大妄想的と言われかねない解釈体系を希求しているところがある。裏返せば、それだけこの三次元の現実というものが矮小になってしまっていて、息ができない。存在にも世界にも関係にも意味というものが見出せない。結婚する相手も「スペック」で選ばないといけないと思わせられながら、その寒さに凍えた魂が、存在の偉大さというものを求めてやまない。そこでは、なにかしら壮大なスケールの世界に保証された出逢いというもの、「かたわれ」というもの、運命の相手というもの、そして人生の意味というものを求める気持ちが高まっている。そういう時代にはね、むしろその誇大妄想的と言われかねない壮大なイメージによってしか打開できない壁を、きちんとぶち壊すことも必要なんじゃないかな。ただし、そういう壮大な世界観を持つことが、その人にとって、ほんとうに生きるための心棒になっているのなら、の話なんだけどね。いざなんらかの危機に直面したときに、腹の足しになる世界観なのかどうかが問われるけれども。

八潮：バンプは、存在や世界に〈魔法〉がかかっていた少年時代と、その〈魔法〉が消えた大人の時間とを区別するところがあったわけだが、RADWIMPS は、その〈魔法〉というものをむしろ究極の武器にしようとしているところがあるね。この三次元の現実に追い詰められた場所で、そこから離脱して〈君〉と出逢うことができたなら、それは〈魔法〉を使えるようになることなんであって、あらゆる

現世の不条理性を超越する武器になるんだと。なんだって超えられると。そういう「かたわれ探し」の場所からしか、世界は変えられないし、その場所からなら、いくらでも世界を変えられる、という。

晶子：そこだよね。それくらい追い詰められていると同時に、とてつもなく壮大な変容へのチャンスも、現代人は掴みかけているように感じる。その〈現在〉ならではの〈生き難さ〉の核心を、野田君は鋭利に掴んでいる。それゆえの超越。その超越によって現出させる世界解釈というものが、どれくらい壮大であるとか、前世や他の星に根拠を求めるとか、それは色々であっていいし、現代人にとって、その解釈体系の幅というのは、前近代のように「共同体ごとに大衆みな一律」というわけにはいかないのだから、さまざまに腑に落ちる解釈やイメージであってかまわないんじゃないか。その人にとって本物の世界観なら。最近、そのあたりの許容範囲が、私の中では拡がってきているところがあって。

　だから、久しぶりにこの曲を聴いて、核心にある〈生き難さ〉がきゅんと来たし、「君」と出逢うことで何ができるようになるかという、その本質はね、「信じる」ということだと思えるのね。つまり、長い長い旅路の果てに、約束していた「君」ともう一度出逢うことができた。その、間違えずに見つける力というものが自分にはあるんだ、ということを、信じられるようになる。それがどれほど偉大なこ

とであるか、どれほど自分の存在の意味をしっかりとこの世界につなぎとめてくれるものであるか。そういうものをつかみたいという切実さに、胸打たれるものがある。そういう意味で、野田君は、彼の超越のイメージに命を賭けているとも言える。

八潮：新海監督の『君の名は。』も、つまりはそういう〈信〉によってなし得ることの壮大さを描きたかった作品だね。一組の男女が、時空を超えて出逢い、結ばれることの中に、天変地異という不条理を塗り替える力の源泉を見出そうとしていた。そこにも、出逢える力さえあれば、世界観が変わり、この世界だって変えられる、歴史さえも塗り替えられる。そんなメッセージがこもっていたように思う。

　2019年に公開された新海監督の新たなアニメーション映画『天気の子』も、野田君が主題歌を作っている。「愛にできることはまだあるかい」（作詞・作曲　野田洋次郎2019年）や「グランドエスケープ feat.三浦透子」（作詞・作曲　野田洋次郎　2019年）という曲だ。そこにも、野田君のそういう切迫感が如実に表われていたね。

　「愛にできることはまだあるかい」という作品には、この三次元の現実に対する、野田君の認識がよく表われているよ。三次元の現実における勝者がどういう者たちかというと、信じること・幸せになることを諦めた者たちか、目に見える価値だけを求めて賢く立ち回る者たちであり、社会システムも宗教も、救いにはならない時代なんだと。きち

んと人と人が出逢うことのできる世界観、〈愛〉、それを信じる「僕」になにができるのか。偶然か必然か、そんなわびしい世界観で全てが解釈されてしまう中、有限の生と永遠のはざまで存在の意義に葛藤する「僕」がいる。荒野のような現世における、野田君の闘いの根拠をよく示している。こういう現実を拒みたくて、世界観を問い続けているんだ、という意志をね。

晶子：「グランドエスケープ」では、そういう現実の「重力」から離脱しようよ、と誘う。なにか、永遠の少年であるピーターパンが、子どもの魂を失わない者たちを先導して、さあ、この星を出て行こう、と誘うようなね（笑）。

八潮：うん、だがね、そのピーターパンのようなロマンの背後に、どれほどの切迫した実存的な危機がしがらんでいるか。たとえば、2020年3月にリリースされた「世界の果て」（作詞・作曲　野田洋次郎　2020年）なんて曲を聴くと、野田君の悲鳴が聞こえてくる気がする。東日本大震災をはじめとする天変地異や、感染症の蔓延、そんな現在のさまざまな不条理性というものに、野田君は非常に実存を脅かされやすい青年だと思う。そのつど、自分の存在の根っこが震え出すような、繊細な生き難さを抱えているんだろう。そのような不条理性を眼にするたびに、彼は、あえて自分の存在を、実存的な究極の危機、たとえば、明日世界が終わってしまうとか、そんな状況の思考実験の場に

晒そうとするかのようだ。そして、そこで、せっかく出逢えた「君」とまた、離ればなれになることを想定してみるんだよ。そのとき、それでも必ずまた、もう一度、「君」を迷わず見つけるんだ、辿り着くんだ、と歌うんだ。

　そのことで、思考実験を経てたくましくなった〈信〉の力を手に入れたいと言わんばかりなんだよ。自分には、そういうきちんと出逢える力、迷わず「君」を見つける力があるんだ、という確信を深めたいんだね。

晶子：その気持ち、とても現在的な気がするね。誰もが、今、迷わずに間違えずに「かたわれ」に出逢える力というものを、どう手に入れればよいのか、苦しんでいる。

　先に語ってきたBUMP OF CHICKENも、「かたわれ」と出逢えない者が、どうやって「出逢う」ことができるのか、その道筋を示すことで画期的なバンドたり得たように、RADWIMPSにも、現在の不幸の核心には、そういう「出逢う力」の乏しさ・頼りなさがあるんだ、と。そんな認識があるような気がするね。

八潮：つまりね、RADWIMPSというバンドの核に、この三次元の現実の世界のあり方の中で生きるときの悲鳴のようなものがある。その悲鳴の本質とは、「かたわれ」と出逢う力を信じ切れないということなんだと思う。その危機から逃れるために、出逢うことさえできれば、これくらい壮大な世界観の変容が可能になる、世界の不条理性を塗り替

えられる、というコスミックなイメージを創出してみせる。

晶子：そして、その出逢いが「間違いない」ことの確証として、懐かしさと新鮮さを据えてみせる。初めて会ったのに懐かしい、という感覚、手触り。その懐かしさは、この三次元の現世だけに根拠を求めることなんてできない、という論理。その絶対感を根拠にして獲得する超越的パワーへの確信。

　私、明治の文豪、泉鏡花の作品が好きなんだけれど、彼の『外科室』という作品がある。たった一度、すれ違っただけの男女が、その瞬間に感じた絶対感をよすがに、九年後に、男が優秀な外科医、女が患者というシチュエーションで再会し、周囲の驚愕を尻目に、男の外科手術のメスでものの美事に女は命を絶ち、男も後を追うという、これはもう、こんな形で絶対感なんか描いちゃっていいのか、という、あきれるほどの小説なんだけれどもね。あるいは、『夜叉ヶ池』という小説も、一組の男女の純愛が、薄汚れた欲望にまみれた人々の住む村を一つ、龍神の力を借りて水に沈めてしまうお話。

　いずれも、元祖セカイ系は泉鏡花だと思わせるような作品。この現世の汚濁のシステムを、一組の男女の愛の成就が骨抜きにしてしまうという表現世界。「かたわれ」との絶対感によってなし得ることの壮大さを描かせたら、泉鏡花の右に出る表現者はいない（笑）。そこにはね、近代というものが、人と人の関係を薄汚くし、世界をみすぼらしくし

てしまったことへの作者の激しい憎悪がある。逆ギレ的に、汚いものを全て滅ぼすための幻想的なパワーをこれでもかと弾けさせる表現世界を築く。

〈現在〉という時代にもね、この現実世界への人々の嫌悪感、追い詰められた実存的な危機感というものがバネになって、それぞれに固有の世界解釈へと、壮大に超越してゆこうとする、そんな飢渇感が蔓延しているように思われる。

八潮：そうだね、その飢渇感が、うつろでない形でそれぞれの世界観の変容となり、僕のイメージするところの脱・近代へと導かれるなら嬉しいんだが、現実を拒み、幻想体系を観念的に肥大化させ、生身の世界風景から隔てられた場所で憎悪や呪詛が暴走する、そんな病理と紙一重の場所でもある。〈超越〉という願望に伴う危うさがある。

晶子：RADWIMPSが、そんな病理と紙一重の表現者であることの意味というのも、とても現在的。そのくらいぎりぎりの場所にこそ、脱けてゆける道があるという。

八潮：心あるアーティストたちが、そのぎりぎりの場所を葛藤しつつ固有の表現を模索している。RADWIMPSも、そういうきわどくも優れた表現者として注目していたいと思うね。

# #

絶対感の衝撃

■ 菅田将暉 「まちがいさがし」
■ 米津玄師 「Lemon」「馬と鹿」

晶子：さて、BUMP OF CHICKEN も RADWIMPS も、「かたわれ」と出逢うことの困難さを〈現在〉という時代の核として強く意識している表現者だけれども、彼らの影響を受けて優れた表現世界を生み出し、昨今、最も注目されていると言ってもいいのではないかと思うアーティストに、米津玄師君がいる。

八潮：うん、ここでは、彼が作詞・作曲・プロデュースして彼の友人である俳優の菅田将暉君が歌って2019年に大ヒットした「まちがいさがし」（作詞・作曲　米津玄師　2019年）、そして、米津玄師君自ら歌って2018年に大ヒットした「Lemon」（作詞・作曲　米津玄師　2018年）、それに2019年の「馬と鹿」（作詞・作曲　米津玄師　2019年）、この3曲を中心として論じてみたいと思う。そのことで、米津君の表現世界とは何か、そこで問われている愛の形とは何かを浮かび上がらせながら、「愛」について考えてみたい。

晶子：まず菅田将暉君の歌った「まちがいさがし」、これは魅力的な楽曲だよね。

八潮：そう、菅田君の歌唱の力が優れていて、魅了されたねえ。初々しさ、少年のような透明感のある声、しかもパセティックな温かみを感じさせる声であり歌い方でもある。
　そこには菅田君の表現世界が立ち上がっているんだが、

同時にこの曲は、米津君の表現世界でもある。

　この曲を聴いた時にね、米津君がなぜ菅田君にこの曲を提供したのか、わかるような気がした。つまり、自分の表現世界を託すにふさわしくて、しかも自分で歌ったのでは得られない種類の解放感を実現してくれる歌い手として、菅田君を評価していたのだろう、と。もちろん、友人だったから曲を書いてみたかった、そんないわゆる「当て書き」をしたいというきっかけもあったろうけれどもね。

晶子：米津君の声と、菅田君の声、ずいぶんとイメージが違うよね。米津君の声も魅力的で、ちょっと陰の気が強い、深々とした声。深い哀しみを感じさせる声だよね。さぞや、この世界を生き抜いてきたことに言いようのない疲れと哀しみとを覚えているんだろうな、と感じさせる、傷の匂いがする声。大人びた、どこか老成した感じのね。

八潮：それはそれで魅力的だし、彼がセルフカバーする「まちがいさがし」も是非聴いてみたいんだが、菅田君の方は、なんとも真っ直ぐな温かみのある声をしている。この真っ直ぐさが、聴き手の心をも真っ直ぐに射ぬくようなね。

　この曲は米津君が歌詞を書いた、米津君の曲であり、そこには米津君の想いというものがこもっている。それを菅田君が歌うときには、菅田君自身の想いを込めて歌う。その二つの想いはね、それぞれ固有のものでありながら、非常にシンクロ率が高いというか、二人が肝胆相照らす仲で

あることをよく伝えるようなね、そういう心地よい作品となっている。二人それぞれにとって、リアリティーのある想いが表現されているということだ。

まちがいさがし（作詞　米津玄師）

まちがいさがしの間違いの方に
生まれてきたような気でいたけど
まちがいさがしの正解の方じゃ
きっと出会えなかったと思う

ふさわしく　笑いあえること
何故だろうか　涙がでること

君の目が貫いた　僕の胸を真っ直ぐ
その日から何もかも　変わり果てた気がした
風に飛ばされそうな　深い春の隅で
退屈なくらいに何気なく傍にいて

間違いだらけの　些細な隙間で
くだらない話を　くたばるまで
正しくありたい　あれない　寂しさが
何を育んだでしょう

一つずつ　探し当てていこう
起きがけの　子供みたいに

＊君の手が触れていた　指を重ね合わせ
　　間違いか正解かだなんてどうでもよかった
　　瞬<ruby>瞬<rt>またた</rt></ruby>く間に落っこちた　淡い靄<ruby>靄<rt>もや</rt></ruby>の中で
　　君じゃなきゃいけないと　ただ強く思うだけ

君の目が貫いた　僕の胸を真っ直ぐ
その日から何もかも　変わり果てた気がした
風に飛ばされそうな　深い春の隅で
誰にも見せない顔を見せて

＊リフレイン

晶子：思わず口ずさんでしまう（笑）。

八潮：いい曲だ（笑）。2019年の最も優れた楽曲の一つだと思うね。実に完成度が高い。

晶子：この「まちがいさがし」というのは、二つの絵を見比べてまちがいを見つけましょうという、あの遊びでしょうね。正解の絵と、ほんの少しだけ異なる箇所が何ヵ所かある絵と、見比べながら、たとえば七つのまちがいを見つ

けましょう、といった。もちろん、メタファーとしてここ
では使われている。

八潮：つまり、正解とは何のことで、間違いとは何のこと
か、読み解く必要がある。

晶子：しかも米津君は周到なことに、タイトルでは「まち
がいさがし」とひらがな。この遊びの名前以外のところで
は「間違い」と漢字。この使い分けもおろそかにできなさ
そうだね（笑）。つまり、「まちがいさがし」という遊びを
させられている私たちの現在という時代の状況があり、そ
こでは、正解と異なるというポイントでのみ、人々の生き
方が二つに分類されてしまう。その「間違い」の方が、正
解と異なる部分があるというだけで、果たして本当に「間
違い」なのか？　という問いがまずありそう。異なるだけ
で、価値まで貶（おと）められてしまうことへのアンチテーゼが潜
んでいる。

八潮：確かに、米津君の表現には、異質だというだけで自
分の存在の意味を傷付けられてきたという哀しみが深く流
れているね。「正解」とは、世間・社会でまかり通ってい
るような既成観念でできた、正しいとされる世界観・人生
観・まなざしのことだろう。それに対して、「間違い」とは、
そこから逸脱した人間の世界であり、主人公の「僕」の場
所であり、米津君の場所でもある。「正しさ」からドロップ

アウトしてしまい、アウトサイダーとして生きざるを得ない、そういう場所を象徴している。この漢字の「間違い」は、異質さだけではなく、価値として貶められた「間違い」の場所のことであり、しかも本当にそうなのか、という米津君の含みがある。

　米津君には、アウトサイダーとしての世界と、正解としての世界との矛盾に傷つき、苦しんできた歴史があると感じる。どこが違うのか、どちらが正しいのか、自分のアウトサイダーとしての生き方が、このままでいいのか、別のものであるべきなのか。常に苦しんできた人だと思う。そこでは「正解」が彼の「間違い」を強迫的に追い詰めていただろう。ただ異質だ、というだけで「まちがい」を指摘されたとき、その「間違い」の意味は無くなるのか、そんな苦しみがあったように思うね。

晶子：自分のどこが正解と異なるのか、どこが悪いとされてしまうのか、世間のモノサシでなぜ責められ、悪とされてしまわなければならないのか。苦しんできて、でもアウトサイダーであるしかなくて、世間の既成観念からドロップアウトしたところで自分の価値観・アイデンティティーを作らざるを得ない、そういう苦しみの長かったであろうことを、他の楽曲からも強く感じるね。

八潮：そこへ、突然、出逢いが訪れる。この運命的な出逢いが衝撃的なのはなぜかといえば、主人公の既成観念を真っ

向から打ち砕いたからだ。世間の既成観念を、ではなくね。そこがこの曲のポイントだと思う。

　つまり、それまでは、世間の既成観念に脅かされ、自分のどこが正解と異なるのか、そこに苦しんでいた主人公が、この「君」に出逢ったことで、世間の価値観に全く脅かされなくなった。全く違うものの見方を身につけるようになった。それが出逢ったということの意味なんだ。

　主人公は、既成の価値観からのドロップアウトならできていた。しかし、この出逢いによって、単に世間・社会の既成観念をものともしないだけではなく、主人公がそれまで持っていたアウトサイダーとしてのまなざしまでも粉砕されてしまった。それが、この出逢いの意味なんだ。

晶子：「間違い」の方に生まれてきたような気がしていたけど、「正解」の方では出会えなかった、と言っている。つまり、世間からは異質なものとして貶められる側だからこそ出会えたと言っている。そこには、「君」と「僕」の同質感が歌われているね。その後の「**ふさわしく　笑いあえる**」とか、一緒にいて「**何故だろうか　涙がでること**」にも。ただ、「ふさわしさ」や、この涙が出る理由のわからなさの感覚には、それまで自覚できていなかった同質性の価値みたいなものが滲(にじ)むね。僕たち同じように社会からドロップアウトしてるもんな、ではなく、なぜこれほど、一緒にいることで今までとは違う世界を味わえるんだ、みたいなね。

112

八潮：そこが大事だよ。「君の目が貫いた　僕の胸を真っ直ぐ／その日から何もかも　変わり果てた気がした」に、その出逢いの核心が表現されているね。単に「同じだよな」ではなくて、貫かれて、何かが主人公の中で壊されたんだ。既成観念というやつが。アウトサイダーとしての異形意識でとんがっていた、自意識の強さやこだわり、現実の世界風景に対する一面的な嫌悪・憎しみといったものかもしれない。それらが一瞬で壊されたんだ。だから、「風に飛ばされそうな　深い春の隅で／退屈なくらいに何気なく傍にいて」とあるように、世間・社会からまったく別の位相、それは、世間の風圧を浴びたら価値として貶められ、一瞬で飛ばされてしまうかもしれない場所のようだが、温かく、深く、世界への信頼感に満ちた、充足的な空間だよ。そこで、価値だの優劣だのサバイバルだのといったものに煩わされない、何気ない時間を見出し、自分の異形意識から解放されている。そういう米津君の、ういういしく目覚めた世界風景を強く感じるんだ。

晶子：「間違いだらけの　些細な隙間で」とある。世間から見れば「間違い」のたくさんある、二人の世界。それを「間違い」と判定する価値のものさし、観念的なものさしの隙間だよね。そういうものさしの空隙を縫うようにして、語り合う。「くだらない話を　くたばるまで」。価値の圧から解放されて、社会的な時間を忘れて、とことん、君と僕との対話がなされる。「正しくありたい　あれない　寂しさ

が／何を育んだでしょう」社会における「正しさ」への引け目、「正しく」あれない異形意識と寂しさ。そこで育んでしまっていたかもしれないとんがった自意識や憎悪。

八潮：「一つずつ　探し当てていこう／起きがけの　子供みたいに」ここもいいねえ。そういうとんがった自意識からも解放されて、既成観念を排して、起きがけの子供みたいなういういしいまなざしで。それまでの深い迷いから目が覚めた魂で。主人公は、君から得たまなざしを使って、もう一度この世界をこだわりのない目で見つめ直そうとする。一つひとつ、もう一度自分のまなざしとして、観念に毒されずに全てを見直してみたい、と。この、ういういしさを伴う絶対感の衝撃というものが、米津君ならではだ。

晶子：「君の手が触れていた　指を重ね合わせ／間違いか正解かだなんてどうでもよかった」に率直な想いが溢れている。君と出逢ってしまった以上、世間から見て「間違い」であろうと「正解」であろうと、そんなモノサシなんて、どうでもよくなってしまった。「瞬く間に落っこちた　淡い靄の中で／君じゃなきゃいけないと　ただ強く思うだけ」あぁ、歌ってしまう（笑）。いいサビだよね。この、「どうでもよかった」という感触を、聴き手にぐんぐん注ぎ込んでしまう（笑）。出逢って、あっというまに春の淡い靄の中へ落っこちる。君でなければだめなんだ、と思いながら。この圧倒的な絶対感の解放が素晴らしい。

八潮：うん、米津君はね、この現実世界というものを、廃墟のように捉えているところがある。灰色に見えている。そういう感覚が、『BOOTLEG』（2017年11月リリース）というアルバムからよく伝わってくるんだがね、その現実に対して、孤独な観念の砦をたった一人で作り上げてきた。現実と闘うぞ、というそのための砦だ。その廃墟のようにしか視えなかった現実が、この「まちがいさがし」における「君」と出逢うことによって、美しいコスモス（自分自身の生身の身体と結びついた生命的な世界）へと変容してゆく。その衝撃というものが、『BOOTLEG』にも歌い込まれているので、少し紹介してみたい。

晶子：「orion」（作詞・作曲　米津玄師　2017年）という美しい曲があるね。「あなたの指がその胸がその瞳が／眩しくて少し眩暈がする夜もある／それは不意に落ちてきてあまりにも暖かくて／飲み込んだ七色の星／弾ける火花みたいに　ぎゅっと僕を困らせた／それでまだ歩いてゆけること　教わったんだ」「真白でいる　陶器みたいな／声をしていた　冬の匂いだ／心の中　静かに荒む／嵐を飼う　闇の途中で／落ちてきたんだ　僕の頭上に／煌めく星　泣きそうなくらいに／触れていたんだ」「神様　どうか　声を聞かせて／ほんのちょっとでいいから／もう二度と　離れないように／あなたと二人　この星座のように／結んで欲しくて」

　非常に詩情豊かな、繊細でみずみずしい歌詞だよね。

八潮：つまり米津君は、「君」とか「あなた」という人物と出逢っている。必ずしも身近な人間とは限らないだろう。離れたところにいて影響を受けた人物かもしれない。その人物との圧倒的な出逢いの絶対感の内実がどのようなものであったのか、この「orion」にはよく表われているね。

晶子：米津君は、美術の学校を出て、独学で音楽の道に進んでいるらしいので、歌詞にも色彩感覚の豊かさが滲んでいるように思う。彼が「Lemon」のCDのジャケットに描いたイラストなど、とても素晴らしい美術のセンスを感じさせるけれども、この「orion」の歌詞も、五感の豊かさがしっとりと匂い立っているね。

八潮：そういう繊細な感覚を駆使して、「**嵐を飼う　闇の途中で**」つまり、現実に対して抱く廃墟感覚の中で、闘争心をひっそりと抱えて生きてきた、そういう暗がりの風景の中に、この「あなた」という人物が落ちてきて、触れていた。その「**真白**」で「**陶器みたいな声**」とか「**泣きそうなくらいに**」といった表現からわかるような、「あなた」の純度と米津君に与えた衝撃の深さとが、「まちがいさがし」における「君」の質感と重なるように思うんだ。

晶子：もう一つ「春雷」（作詞・作曲　米津玄師　2017年）という曲にも、同じ絶対感が艶やかに描かれている。「**人の声を借りた　蒼い眼の落雷だ**」とかね。その「あなた」との

出逢いのおかげで、彼は過去の全ての痛みも悲しみも、実は「あなた」がくれたプレゼントだったんだ、という風に、物語を読み替えることができるようになっている。虚無や不条理としてではなく、祝福として。全てが、生命的なコスモスの中に、位置を持つものとして再編成される、そういう世界観の変容が歌われているね。

八潮：そして、その再編成の感覚が、「Lemon」につながってゆくんだ。悲しみはただの不条理ではなく、生命的な人生の意味づけの中で蘇らせることができる。かつて「あなた」との出逢いの中でそういう劇的なことが起こったんだ、と歌う。それが「Lemon」の世界。
　そして「まちがいさがし」につながってゆく、出逢いの質感だと思う。

晶子：『BOOTLEG』というアルバムは優れたアルバムで、そこで見ることのできる米津君の詩作品としての歌詞の完成度の高さは、その感受性のみずみずしさ、感覚的な言葉の使い方の精確さ、豊潤さというものをよく示してくれているね。サウンドは、ややささくれて痛々しいものもあるのだけれども。つまり、現実を廃墟として把握することからくる、ニヒルな悲哀感の強さみたいなものが滲んでいる。そこは、「Lemon」や「馬と鹿」「まちがいさがし」といった楽曲の方が、解放感のあるものになっていると思う。誰が聴いてもわかりやすい、シンプルな抒情として煮詰めて

ゆくときの、洗練されたデザインのセンスを感じるというか。

八潮：そうなんだ、『BOOTLEG』では、まるで優れた近現代詩のような、美しいが難解な、書き言葉としての自立度の高い歌詞なんだ。そこから、「Lemon」「馬と鹿」「まちがいさがし」のような、大衆にも伝わりやすい楽曲へと、歌詞の象徴性を高め、解放感を得られるものへと洗練させてゆくには、修行が要ることと思うね。

　だからね、「Lemon」「馬と鹿」「まちがいさがし」といった楽曲をきちんと読み解くためには、実は『BOOTLEG』の世界観を踏まえるべきなんだよ。

　もう一度、「まちがいさがし」に戻るとだね、「**君の手が触れていた　指を重ね合わせ**」とあるけれども、もちろん、ここもメタファーであり、相手の存在を、自分の魂ですごく身近に感じているということを表現している。「君」がたとえ遠く離れた場所にいる存在であったとしてもだ、「君」の言葉に接したときのぬくもりの感覚、魂の出逢いの温度の感覚、そのかけがえの無さというものを伝えている。ここで、「君」は、「僕」にとって、人生を意味づけてくれる必要不可欠な存在、魂の「かたわれ」になった、ということなんだ。

　この魂の変容が起こると、もう、社会の既成観念にとって自分の世界観がどういう関係にあるかとか、自分のどこがどう違っているかとか、そんなことは「**どうでもよかっ**

た」ということになるわけなんだ。

晶子：脱・社会の境地に立てるようになった、と。つまり、それまでは、社会に抗うことで、逆に社会に拘束されていた。そういう「縛られていた感」というものが、一気に壊れた。それが起こると、次には、「君」という人物の世界観・人生観・まなざしを、米津君は、自分なりの文脈で翻訳してみよう、自分だけの言葉で、歌で、曲で、表現してみよう、というところへ進むことになる。そういう表現が、米津君にとって、愛の表現であり、かたわれ探しの旅になるんだ、ということだね。「**誰にも見せない顔を見せて**」とあるように、相手が世間からどのように見えているのか、相手が世間にどんな顔を見せているのか、そういう相対的な「君」の価値ではなく、自分にだけ見せる顔、として感じているもの。それこそが「かたわれ」としての絶対感だと。

八潮：「**君じゃなきゃいけないと**」とも言っているね。自分のかたわれとしての「君」がいないといけないんだ。他の誰でもない「君」がいなければ、「僕」は「僕」であり得ない。「君」が必要なんだ。かたわれとつながっているという実感、それがなければ生きられない。「**瞬く間に落っこちた淡い靄の中で／君じゃなきゃいけないと　ただ強く思うだけ**」にはね、それまで自分が安住していた世界風景が打ち砕かれて、混沌の中にたたき込まれた主人公が、「君」との

出逢いの実感を支えに、まっさらなまなざしで世界風景の再構築を行なっていこうとする覚悟が歌われていると思う。

　そのためには、みずみずしい生身の感受性をよすがに、ペルソナを一つひとつ剥いでいって、能う限り既成観念を排する必要がある。みずみずしい生身の感受性、本能的な衝動に従って自分が掴んだものを足がかりに、何を択び、何を捨て、何を創ってゆくのか、自分の手でそれを為さねばならない。

　そういう世界観の変容を迫るんだよ、この「まちがいさがし」という楽曲はね。人は根底から変われるんだよ、と伝えている。運命的な愛の形を通して、人生の重要な転換点を表現した楽曲なんだ。

晶子：アルバム『BOOTLEG』を踏まえることで、米津君の抱えてきたであろう、耐えてきたであろう生活の重力と、同時にそこから脱けようとする、哀しいまでに透明な超越の願いに気づくのだけれども。そのたたかいの姿を、「Lemon」と「馬と鹿」によっても読み解いてみましょうか。

Lemon（作詞　米津玄師）

夢ならばどれほどよかったでしょう
未だにあなたのことを夢にみる

忘れた物を取りに帰るように
古びた思い出の埃を払う

戻らない幸せがあることを
最後にあなたが教えてくれた
言えずに隠してた昏い過去も
あなたがいなきゃ永遠に昏いまま

きっともうこれ以上　傷つくことなど
ありはしないとわかっている

あの日の悲しみさえ　あの日の苦しみさえ
そのすべてを愛してた　あなたとともに
胸に残り離れない　苦いレモンの匂い
雨が降り止むまでは帰れない
今でもあなたはわたしの光

暗闇であなたの背をなぞった
その輪郭を鮮明に覚えている
受け止めきれないものと出会うたび
溢れてやまないのは涙だけ

何をしていたの　何を見ていたの
わたしの知らない横顔で

どこかであなたが今　わたしと同じ様な
涙にくれ　淋しさの中にいるなら
わたしのことなどどうか　忘れてください
そんなことを心から願うほどに
今でもあなたはわたしの光

自分が思うより　恋をしていたあなたに
あれから思うように　息ができない

あんなに側にいたのに　まるで嘘みたい
とても忘れられない　それだけが確か

あの日の悲しみさえ　あの日の苦しみさえ
そのすべてを愛してた　あなたとともに
胸に残り離れない　苦いレモンの匂い
雨が降り止むまでは帰れない
切り分けた果実の片方の様に
今でもあなたはわたしの光

....

八潮：はじめてこの曲を聴いたときはね、謎の多い曲だな
と思ったんだ。

晶子：「あなた」と「わたし」とが、いったい今、どういう
距離・関係にあるのか、つかめそうではっきりしないとこ

ろがあるよね。

八潮：それはね、アルバム『BOOTLEG』や「まちがいさが
し」の読み解きを踏まえるなら、きちんと浮上してくるも
のだと思う。この「Lemon」の「あなた」も、主人公に対
して、世界観変容の大きな衝撃を与えている。ただ、「まち
がいさがし」のように、その出逢いの衝撃がそのまま、相
手との一体感として幸福な形で握りしめられているわけで
はなく、かつて出逢ったのに、今は側にいない、その悲し
みが痛々しく歌い上げられていることがわかるよね。

晶子：「あなた」が側にいることで、自分の過去の昏い記
憶を塗り替えることができていた、なのに今は側にいない。
その悲痛さが伝わってくる。「**言えずに隠してた昏い過去も
／あなたがいなきゃ永遠に昏いまま**」とあるように。

八潮：そして「**あの日の悲しみさえ　あの日の苦しみさえ
／そのすべてを愛してた　あなたとともに**」だから、側に
いられた時には、すべてを愛することができていたわけだ。
それが、今では「**胸に残り離れない　苦いレモンの匂い／雨
が降り止むまでは帰れない／今でもあなたはわたしの光**」
となっている。つまり、離れてしまっているけれども、側
にいたときの思い出が、胸から離れないわけだ。心は「あ
なた」の側から離れることができないでいる。自分ひとり
では歩き出せない。そんな苦しみが伝わるね。

主人公は、「あなた」と出逢うことで、自分の人生の世界風景ががらりと変わった衝撃の体験を秘めている。その出逢いがなければ、過去の自分のトラウマは、不条理な暗いものでしかなかった。「あなた」に出逢うことで、それまでの自分の個人史、思い出、廃墟のようにみなしていた現実も含めて、全ての意味が組み替えられたんだ。初めて、それらを愛することができるようになった。つらくとも肯定できるようになった。人生にとって無意味なものではない、ただの不条理ではないんだ、と。生命的な意味を持つものとして、再構築できるようになったんだ。

　ところが、「あなた」を失った主人公がここにいるよね。「あなた」の抱く世界観・世界風景・思想・生存感覚、こういうものを、自分はまだ完全に共有できていない、行き暮れている。自分の人生の意味づけを、過去の全ての思い・トラウマといったものを、一度は受け容れていたはずなのに、はじめて「あなた」と出逢ってから、時間が経つうちに、新しいトラウマ、涙、苦しみが湧いてきて、まだそれらの意味を受け止め切れていない主人公がいる。

晶子：だから「暗闇であなたの背をなぞった／その輪郭を鮮明に覚えている／受け止めきれないものと出会うたび／溢れてやまないのは涙だけ」となるわけだね。このフレーズは、一人で孤独に「あなた」を想い起こして、「あなた」ならどうするのか、必死で模索しながら自分の「受け止めきれなさ」を克服しようとしている、暗闇の時空をウェッ

トに伝えてくるよね。「**何をしていたの　何を見ていたの／わたしの知らない横顔で**」にも、側にいない、他者としての「あなた」とのへだたりの感触が滲んでいる。せっかくトラウマを癒したのに、世界観を変容させたはずだったのに、それが遠い過去の出来事のように感じてしまっている。迷いの中にいる。でも、忘れられない。

八潮：あなたが自分のような悲嘆にくれていないことを心底願う、それくらい、あなたは「**わたしの光**」なんだが、「**自分が思うより　恋をしていたあなたに／あれから思うように　息ができない**」んだ。「**とても忘れられない　それだけが確か**」。隔たりがあろうが、過去の記憶であろうが、「あなた」が自分にとっての「かたわれ」なんだ、という絶対感だけは、揺らがない。かつての「あなた」は、主人公にとって決して戻らない幸せ、トラウマ、そういうものでさえ、愛することができるように、世界を塗り替えてくれた。人間はそういうことができるんだ、不条理を超えてゆくことができるんだ、そのことを示してくれた唯一の人。この「あなた」に寄り添ってもらっているという実感が、自分には必要なんだ、あなたがいなければ、自分は自分になれない。この「かたわれ」としての愛の形を歌い上げているわけだ。

　深い混沌の中でもがき苦しんで、世界が見えない、自分の立ち位置が定まらない、受け止めきれない想いが溢れる。そこを超えてゆくには、世界を信じている「あなた」と共

に、魂の同朋として共に歩んでいるという絶対感が必要なんだ。そんな風に、この主人公、つまり米津君は考えているんだと思う。

晶子：なんとか、現在という時空の意味を塗り替えて、未来へと脱けていきたい、そういう渇望の強さを感じるのだけれども、米津君の、過去・現在・未来という時間の把握のあり方は、『BOOTLEG』に収められた「ナンバーナイン」（作詞・作曲　米津玄師　2016年）という曲によく表われていて、そこには、過去を捨て去りたくない、という強い想いがある。過去の痛みも全て自分の生命として受け止めて、愛したい、そういう感覚で過去をとらえようとしている。過去と未来が引っ張り合ったような感覚を持っている。ただ、暗い過去にずぶずぶと引きずられるのではなく。

八潮：そうなんだ、過去が自分を引きつけるという感覚をね、未来へ脱けていく生命の文脈の中で組み替えてみたい、そういう感覚を「ナンバーナイン」では歌っているね。さらに、そのイメージを、個人の歴史だけではなく、人類の歴史のイメージとしても抱いている。先人たちが、たくさんの歴史的産物を壊しながら新しいものを創ってきた。先人の叡智が壊したものの痛みを、後の人類は引き受けないといけない。先人たちが葬り去った価値の中には、失ってはいけない大事なものもあったはずだ。しかし、それは壊

されても仕方のないものだった。それでも失ってはいけないものでもあった。そういう価値を、全く新しい文脈の中で、未来の歴史の中で、取り戻さないといけない、と。

　米津君は、個人史においても人類史においても、過去を切り捨てるのはまちがいだと考えている。トラウマ・不幸・あやまち、それらの意味を点検して受け止めて、先へ進めることが必要なんだと。歴史というのは、無意味なものじゃないんだ、という感覚を持っているね。

　だからといって、米津君は、多くの知識人のように、歴史について大言壮語したいわけじゃないんだ。あくまで、自分自身の個人史というものを素材にして語ろうとしているのであって、その自分個人の切実なモチーフの中で、現在が抱えている普遍的な問題を取り出し、象徴的に歌い上げようとしているんだ。そういうアーティストとしての誠実さが彼にはある。この「ナンバーナイン」そして『BOOTLEG』というアルバムの中に、そういう米津ワールドがある。そこをしっかりと把握して「Lemon」という楽曲を読み解くなら、そこでの「あなた」との出逢いも、単なる個人的な出来事ではない、ということがわかるんだ。

　「あなた」によって象徴される、世界に対するまなざしが、自分にとっては必要であり、そのまなざしを自分に固有の言葉として再生させることが必要なんだ。そのためには、「あなた」にもっと深く出逢わなければならない、と思っている。そのことで、自分に固有の言葉で、「あなた」との接点をつかまえて、自分の人生の不条理を生命的な文脈の歴

史へと塗り替えて、未来へと脱けていこうとしているんだ。

晶子：その個人としてのたたかいが、普遍的な意味を持っている、そう米津君は考えていて、なんとかその普遍性というものを、人々に受け容れられる形で伝えたい、そういう野心というか、志というものを、最近の彼から感じるように思うね。

　自分に起こった出来事というものを、決して自分ひとりだけの個人的な出来事だとは考えない。何かにとって、縁のある人々にとって、ひとつの象徴的な出来事であるはずだと。個人にとっての出来事が、人間という普遍性において通用すると考える、これは傲慢なことだと誤解されかねないけれども、決してそういう傲慢さで思うのではなく。人の苦しみや想いというものは、そもそも、その個人の内部でのみ完結して意味を持つのではない、類的な全体の中で、なにかしらの象徴的な意味をもつものなのだと。そういう世界観に立っている、あるいは立とうとしている、そのことで自分の存在を支えようとしている、断片的な孤独地獄から脱けようとしている。そんな風にも感じられるのだけれど。

　そうやって、縁ある人々に向かって届くような歌を作る、縁ある人々にとって、それぞれの人生の出来事の意味を塗り替えるよすがとなるような、そういう表現をしてゆきたいという、ね。

八潮：そうだね、『BOOTLEG』でのいわばファインアート的な、優れているけれども聴く人を択ぶような表現から、「Lemon」や「まちがいさがし」や「馬と鹿」のような、あるいは大ヒットした「パプリカ」のようなね、デザインとして優れた、人々の感覚に普遍的にリンクできるような楽曲へと、デザイナーとしての進化を遂げている、そういう印象を持つんだよね。自分が直面している課題は人類史の課題であり、現代人の課題である、そういう深い内省力にもとづく表現をしていこうとしている。

　ではその、未来へと脱けてゆくことのできるまなざしとは何か、それは「Lemon」一曲からだけでは読み解きにくいものがあるけれども、『BOOTLEG』を踏まえるなら、そこには優れた普遍性をもつ思想が表現されているわけなんだ。

　この三次元の不条理を、四次元の物語として超越的に包摂して、闇から光を紡ぎ出して人生を祝福できるような人生観・世界観。それを自分史の物語として紡ぎ出そうとしているんだよ。ちょうど、僕たちがこの本の「第一部　超越」の方で語ってきたこととも重なるんだが、現在という時代が直面している課題を想起するなら、この「Lemon」という楽曲もね、単なる個人的な愛を歌ったものではなく、思想的な文脈で読み解くことができるんだよ。

晶子：喪失感をパセティックに歌い上げることによる、ほろ苦いけれども甘やかな抒情性のある曲として大ヒットし

たのだろうけれども。歌詞に孕まれている、「何が起こった
のか」についてのとらえどころのなさ、というものが、実
は、米津君の出逢いの深度というものを伝えていたのだと、
納得できるね。

　それと、CDのジャケットが、米津君自ら描いたレモン
の絵。これがまた素晴らしくて。ほの暗くて繊細な色彩感
覚と、存在の手触りをみずみずしく温かいものに塗り替え
たいという祈りのようなものを伝えてくる、美しい絵。

八潮：光と闇の感覚とその振幅、祈り、信じる気持ち。彼
の内面におけるそれらの鮮度をシンボリックに優しく伝え
てくるね。僕もこの絵は大好きだよ。
　「Lemon」「まちがいさがし」について論じてきたが、さ
らに彼の個人的な感覚を、実存的に深く伝えつつ、大衆的
にも受け容れられやすい優れた表現として完成度の高さを
見せつけてくれたのが、「馬と鹿」だと僕は思っているんだ。

馬と鹿（作詞　米津玄師）

歪んで傷だらけの春　麻酔も打たずに歩いた
体の奥底で響く　生き足りないと強く

まだ味わうさ　噛み終えたガムの味
冷めきれないままの心で

ひとつひとつなくした果てに
ようやく残ったもの

これが愛じゃなければなんと呼ぶのか
僕は知らなかった
呼べよ　花の名前をただ一つだけ
張り裂けるくらいに
鼻先が触れる　呼吸が止まる
痛みは消えないままでいい

疲れたその目で何を言う　傷跡隠して歩いた
そのくせ影をばら撒いた　気づいて欲しかった

まだ歩けるか　噛み締めた砂の味
夜露で濡れた芝生の上
はやる胸に　尋ねる言葉
終わるにはまだ早いだろう

誰も悲しまぬように微笑むことが
上手くできなかった
一つ　ただ一つでいい　守れるだけで
それでよかったのに
あまりにくだらない　願いが消えない
誰にも奪えない魂

何に例えよう　君と僕を　踵に残る似た傷を
晴れ間を結えばまだ続く　行こう花も咲かないうちに

これが愛じゃなければなんと呼ぶのか
僕は知らなかった
呼べよ　恐れるままに花の名前を
君じゃなきゃ駄目だと
鼻先が触れる　呼吸が止まる
痛みは消えないままでいい

あまりにくだらない　願いが消えない
止まない

晶子：サビが、聴き手の内面の深みから何かを心地よく引きずり出してしまうような、パセティックな名曲ですね。

八潮：うん、そのサビに至るまでに、米津君の痛ましいトラウマを感じさせるフレーズがある。満身創痍の身体でイメージされる魂の形。「**歪んで傷だらけの春　麻酔も打たずに歩いた**」とかね。トラウマの深い個人史の道程を感じさせるね。疲れ切って、魂はぼろぼろ。その中でも、「**体の奥底で響く　生き足りないと強く**」とあるように、満たされない生命の叫びがこみ上げてくる。
「**まだ味わうさ　嚙み終えたガムの味**」この「ガム」が象

徴するのは、どこか不快なのに惰性で続けている生活の匂いであり、僕は、近代・アメリカ・戦後の味でもあると思うんだ。高度消費資本主義、物質主義万能の世の中の味。つまりね、アメリカによって主導されてきた、日本の戦後近代、そこで作り上げられた高度消費資本主義の繁栄。この光の背後には、魂がぼろぼろになった、澱んだ日本人の傷がある。それを象徴しているようにも思う。この味を引きずりながら、この歌の主人公は「**冷めきれないままの心で**」歩んできた。

　米津君は20代末の青年だが、現在のミュージックシーンを今のように席巻するようになるまで、過酷な精神的なたたかいの道程があったんだと思う。魂の中に、たいへんな疲労感を抱え込んでいるのがわかる。大切な価値を喪くしていった成長過程であり、ミュージシャンとしての道程であったはずなんだ。その道程の中で、最後にたった一つ残ったものが、「君」との出逢いの衝撃だった。これは、「Lemon」や「まちがいさがし」、そしてアルバム『BOOTLEG』に表われているのと同じだ。その出逢いが、素晴らしい宝であり、花なんだ、と。これはね、地上の不条理を超えることのできる「天上の花」なんだよ。その名を叫べ、と歌っているのがこの「馬と鹿」だ。

　世界が、「君」と出逢うことで「花」となった。それまでのトラウマも全て祝福できる感覚を味わった。その衝撃の質を味わっている。

　なぜその衝撃を振り返る必要があるのか。それは、今、主

人公が抱えている荷物、これから立ち向かうべき世界、過去から未来への道程、それらをどのように生命的に意味づけてゆくのか、という、そのたたかいのために、握りしめなければならないのが「君」の手触りだからだ。

　自分自身の過去のつらい不条理やトラウマ、これは三次元の現象として眺めたら、救いようがない現象でしかない。それを、生命的に蘇らせることができるとすれば、三次元を包み込む四次元の感覚、自分の中に宿りながら自分を超えた命の働き、人間の合理的な把握を超えたいのちの感覚。そのいのちの流れ・文脈の中に組み込んでみせた時にはじめて、過去の三次元の不条理は、四次元の物語として生命的な輝きを帯び、肯定できるものになる。どんなつらい傷でもだ。

　そういう意味の再構築を、米津君はやろうとしている。個人史としても、人類史としての枠組みの中でも。

晶子：「痛みは消えないままでいい」という印象的なフレーズがあるように、米津君は、過去から逃げる気がない。「**これが愛じゃなければなんと呼ぶのか／僕は知らなかった／呼べよ　花の名前をただ一つだけ／張り裂けるくらいに／鼻先が触れる　呼吸が止まる／痛みは消えないままでいい**」という、サビの高揚感が素晴らしいのだけれど、「君」との出逢いこそが愛なんだ、という絶対的な確信の中、その衝撃の瞬間を凄まじい臨場感で立ち上げている。「**鼻先が触れる　呼吸が止まる**」なんてね。男女の恋愛の盛り上が

りの絶頂にもひけをとらない高揚感（笑）。そこで、痛みを同時に感じていたい、と。その愛によって、過去の痛みなんか癒されて消えてしまえ、ではなく。ここがまさに、この愛が同性愛的な、魂のかたわれへの愛であることの証<ruby>証<rt>あかし</rt></ruby>のようにも見えるね。つまり、痛みが消えてしまったら、この後、主人公は、自ら歩いて行くための指針を失ってしまう。

八潮：そして、痛みがあることで、その過去の痛みも、新しい生命的な価値を生み出すための試練だったんだ、と読み替えられるようになっている。だから、痛みを消さないんだよ。消してしまいたいだけの無意味ではなくね、残しておきたい立派な意味、なんだよ。

　米津君はね、愛を歌うとき、二つの課題を背負って歌っているように思う。

　一つは、痛みを全て引き受けた先にある未来や風景、そのイメージをきちんと描きたい、という渇望だ。イメージできれば、そこに向かって歩き出すことができるからね。

　もう一つは、過去や未来といった時間意識に汚染されずに、今、現在、という時間の中で、確かに生きる実感を得たい、という渇望だ。

　この二つは矛盾するように見えるかもしれないが、米津君の大事な二つの方向性なんだと思う。つまりね、未来のイメージを抱くことは大事なんだが、その未来のイメージによって現在をすり替えてしまうとか、現在をないがしろ

にしてしまってはいけないんだ。過去についても同じこと
で、過去に引きずられ、後悔ばかりして現在を見失うのは
うつろなことだ。あるいは、過去を懐かしんで今を嘆くの
もね。

　どんなにつらくても、今生きている時代というものを祝
福・肯定できるようになりたい、そこで生きる実感を得ら
れないといけない、そう米津君は考えているように思う。

　過去を引き受けること、未来へ脱けてゆくこと、その二
つのイメージを踏まえながら、同時に今を祝福できないと
いけない、ということなんだ。

晶子：アルバム『BOOTLEG』には、そういう葛藤が随所
に感じられるね。「Nighthawks」（作詞・作曲　米津玄師
2017年）という曲にも、このくだらない現実の世界を否
定するのではなく、愛おしいものとして認める「君」への
愛が歌われている。「飛燕」（作詞・作曲　米津玄師　2017
年）という曲でも、この現実を廃墟ととらえている。そこ
で己れの純度を主張すればたちまちサバイバル的な関係性
の地獄に落っこちてしまい、疲れ果てる主人公の姿が描か
れていて、それでもそういう場所でなければ歌えない歌が
あるんだと。「君」のためなら翼を得て飛んでゆける、と。
「ピースサイン」（作詞・作曲　米津玄師　2017年）もそう。
未来なんかより、今のこの一瞬一瞬の呼吸ができるという
ことを望むのだけれど、「君」の言葉で、どんな過去もみず
みずしく蘇ったから、だから、もう一度遠くを想い描いて

進んでいきたい、と。

　今という絶対感への渇望と、過去・未来という歴史意識へのこだわりと。

八潮：「かいじゅうのマーチ」（作詞・作曲　米津玄師2017年）という曲も、面白い曲でね、「あなた」という人物の質がよく出ている。世間から見たら、馬鹿に見えるかもしれない、人を簡単に信じてしまうような。でもそうじゃないんだ、と。人や存在や世界を信じられるという心を持っている。その信じる力を持った「あなた」という人物との魂の同朋の旅路に、主人公は己れの生を賭けようとしている。

晶子：それだけ絶対感のある幸福な出逢いがあったのなら、それでいいかというと、そうではない、ということも歌われていて、「Moonlight」（作詞・作曲　米津玄師　2017年）という曲では、「あなた」と出逢ってしまったがために、現実の廃墟のような世界に居場所が無いという苦しみ、地獄の苦しみが歌われているよね。「あなた」との魂の同朋の旅路というのは、現世で評価されるような、三次元の意味を与えられるような、そんなカテゴリーには収まらない。えらいことになってしまった、みたいな（笑）。「あなた」の想い描く未来を、自分もイメージしたい、と望み、そのための本能的な表現のモチベーションの使い方をなんとかマスターしたい、そんな衝迫を垣間見るような楽曲だよね。

たとえ誰からも評価されず、喝采を浴びることなど無いとしても、ね。

八潮：うん、米津君にとって、世間から喝采を浴びるかどうかなんてことはどうでもよかったのであり、たった一つの願いは、むしろ「君」に気づいて欲しい、ということだったんだと思わせる。それが「馬と鹿」に表われているように思う。「**疲れたその目で何を言う　傷跡隠して歩いた／そのくせ影をばら撒いた　気づいて欲しかった**」とあるね。彼が難解な『BOOTLEG』のような表現から、デザイナーとしての腕を磨き、大衆的な規模で大ヒットする「Lemon」「まちがいさがし」「馬と鹿」のような楽曲が作れるようになったのはね、それくらいの普遍性をもつ楽曲を作ることで、なんとか「君」に伝えたい、そんな想いに支えられていたからではないか、と思うくらいにね。

　このすぐれた楽曲はね、そういう意味で、私小説的な作品だと思うんだ。

　僕はね、すぐれた表現というものは、大なり小なり私小説的なものが根底に潜んでいると思っている。その表現者の固有の痛み・傷・過去の歴史・未来への想い、それらをあくまで己れの個人史として歌うことで、表現というものは力を持ち、リアリティーが生まれるんだ、と。そのことで、私小説を超えた普遍性も実現するんだ、と。もちろん、私小説であることを隠して、フィクションとして物語にしたり、デフォルメして虚構としてデザインしたり、メタ

ファーを使って届けたり、そういう加工は施されることが多いが、それでも根本にあるのは、その人個人の私小説としてのリアリティーだと思っているんだ。それをそのまま素直に提示する人と、虚構意識を持ってフィクションにする人がいる、というだけの違いであってね。

このリアリティーを、われわれ批評家は掴まないといけない。三次元で何が起こっていたのかをベタに推理・分析するのではなくね。そして表現者も、ただの私小説の報告で終わらせるのではなく、普遍性のある表現としての水準を目指さなければならない。私小説的体験をベースとしながら、己れの表現が、いかなる象徴性と普遍性を実現し得るか。表現者は、つねに、その課題に向き合う必要がある。

晶子：太宰治にもそういう普遍性への戦略があったね。一人称で語るものだから、読み手はうかうかとほんとに起こったことのように感じてしまうけれども。

八潮：そうなんだ、騙されるんだよ（笑）。『人間失格』もそう。太宰は優れた虚構意識で「私」を演じているんだ。実はデフォルメされた「私」なんだよ。私小説的体験はもちろん織り込まれてはいるがね、真に受けてはいけない。寺山修司もそうだ。親子関係において、とんでもないエピソードがあったかのように思わせるフィクションを描く。

いわゆる虚実皮膜なんだが、基本的には、私小説的な体験が根っこにあって、その体験による衝撃の質というもの

は、どのようにフィクションに仕立てようが、デフォルメしようが、伝わってくる。強いリアリティーをもって。その普遍性のあるリアリティーを、批評家は掴まないといけない。そこにどれほどの思想としての普遍性が込められているか、ということをね。

晶子：「馬と鹿」にも、そういう私小説的な体験の香りが漂っていて、それを米津君は、詩的な言語で普遍性のある楽曲に仕上げてみせている、と感じるね。B'zの稲葉君も、そういう楽曲作りをしているのだけれど、稲葉君が、「俺はともかく出逢ってるんだ」という絶対感のパワフルさでシャウトしているのに対して、米津君は、その出逢いの質感というものにこだわって、詩的高揚感を歌い上げることで、これは僕の問題だけど、僕以外の全ての人にとっても大事な問題でしょ、という象徴性を打ち出しているような。

八潮：そうだね、いずれも優れたパワーでその絶対感を伝えてくるんだが、それが大衆にも伝わるように表現するというのは、実はたいへんなことなんだと思う。ファインアートからデザインへ。それはね、ファインアートとしてのとんがった表現意識を水で薄めることにもなる。そうすると表現し切れない鬱屈や毒念というものが表現者の中に貯まってゆくんだよ。

晶子：それ、「Lemon」とカップリングになっている「ク

ランベリーとパンケーキ」（作詞・作曲　米津玄師　2018年）といった楽曲に感じるね。毒々しい。デザイナーとして、自己韜晦（とうかい）的な、半ば自嘲的な、でも覚悟性の強さを感じる。

八潮：そういう楽曲が、『BOOTLEG』にもある。ときどき、毒念を抑え切れないんだと思うね。そういうデザイナーとしての悪戦に耐えるためにも、米津君には、「君」との絆が大事なのであり、純度の高い自分を握りしめていないといけない。**「君じゃなきゃ駄目だ」**と、この「馬と鹿」でも歌っているね。これ、原点なんだよね。

晶子：「馬と鹿」、合わせて「馬鹿」なんだけど（笑）。つまり、この曲の「君」も「僕」も馬鹿なんだと。世間からは馬鹿に見えてしまう。

八潮：そう、でもね、坂口安吾の言葉じゃないが、「馬鹿ほど尊いものはない」んだよ。三次元しか見えない現世主義者や鈍感な現実主義者からは、この二人は馬鹿にされるが、でも異形の能力の持ち主でもある。この現世を超える能力を持つ。地上の秩序からは弾（はじ）き出されてしまうがね。その逆説的なプライドを込めたタイトルだろうね。
　馬のひづめ、たてがみ、そこには、この大地を蹴って風の化身のように駆ける魂が、鹿には、古来聖なる生き物として大切にされてきた、天上的な真っ直ぐな心が、それぞ

れ象徴されているように思う。

　平田篤胤が言っている。鹿はね、直き性、つまり真っ直ぐ<ruby>直<rt>なお</rt></ruby>き性、つまり真っ直ぐ<ruby>性<rt>こころ</rt></ruby>で素直な心を持っている。気高い霊性を持ち、愚かに見えるが実は俊敏で、優しい心の生き物だと。天地の目に見えない気配を鋭敏に察知する聖なる生き物だと。だから、古代には、「太占」などといって、鹿の骨を焼いて吉凶を占ったりもした。人々は神獣として鹿をあがめ、大切にしてきたんだよ。時に、狩猟の対象にすることがあってもね。

　この馬と鹿の心によって、三次元を風のように駆け抜けながら、天地の気配に耳を澄まし、優しい心根で、四次元の世界に脱けてゆきたい、そういう米津君のハートを感じるんだよ。

晶子：魂に同じ傷をもつ、似たもの同士の二人。このCDのジャケットにも米津君の素敵なデッサンが、鹿の角を生やした馬の姿が描かれている。

八潮：そうだね、この二人の同じ傷というものが、その四次元へと脱けてゆくための羅針盤になる、と考えている。傷を抱えているからこそ、優しくもなれるし、現世のダークサイドも見えるんだ。不条理・悪・濁り、そういうものもきちんと見据えることができるんだよ。そして、それらを超える光も見える。人と人の愛、生きるということの形、そういうものを、この楽曲に織り込めてみせている。

晶子：サウンドとしても、完成度が高いと思うね。米津君の、青年ぽいのに老成した、人生の奥ゆきや暗がり、耐えてきたものの厚みを感じさせる声。それが重力の強さに拮抗してパセティックに想いを解放してゆくときの、曲作りの巧みさというものがある。重力に引きずられながらも、それを脱けようとする、哀しいまでに透明な、超越への願いの激しさ。

八潮：聴き心地がいいんだ。パセティックなんだが、心地よい疲れ、傷跡、優しさ、光と闇のほの暗い交錯、そういうものを伝えてくる。2019年には、彼が作曲してプロデュースした「パプリカ」（作詞・作曲　米津玄師　2018年）も、Foorin（フーリン）という子どもたちのグループが歌って大ヒットしたが、この曲もね、明るく見えて、実はほの暗いものが潜んでいる。

　米津君のこの資質というもの、これから本当に楽しみな表現者だと思うよ。これからのミュージックシーンを牽引してゆくであろう、稀有な才能に期待しているんだ。なによりもその、「君」との出逢いの衝撃を手放さない純度の高さというものにね。

# #

重力と救済

■ King Gnu「白日」

晶子：さて、ここで少し、2019年から2020年の初めという期間のミュージックシーンについて、総括しておきたいなと。あくまで私たちの目から見て、私たちの耳に届いた範囲において、ではあるけれども、そこでお目にかかることのできた優れた表現についてね。

八潮：うん、この本の第一部では、2017年から2018年の作品を中心に、現在という時代の本質に迫ろうとしてきた。この第二部では、「愛」をテーマとして論じているんだが、その際、2019年から2020年の初め頃までに目にしたもので、強い印象を受けた作品はなるべく取り上げたいと思った。幾つもの優れた表現に出逢えたからね。また、歌詞を引用して論じないまでも、作品について、ひと言触れたいと思う表現もあった。

　まずは、すでに触れた米津玄師の表現だ。「まちがいさがし」「馬と鹿」などを中心に、その表現世界については、論じた通りだ。

　次に、三浦大知の表現。「Blizzard」（作詞　三浦大知、Nao'ymt／作曲　Nao'ymt　2018年）と「COLORLESS」（作詞　三浦大知／作曲　UTA, 三浦大知　2019年）という作品がある。

　さらに、すでに第一部で十分に論じた表現者だが、椎名林檎の、BUCK-TICKの櫻井敦司とのコラボによる「駆け落ち者」（作詞・作曲　椎名林檎　2019年）という楽曲。これは、椎名林檎の『三毒史』（2019年）というアルバムに

収められている。

　それから、すでに論じた RADWIMPS の作品で、新海誠監督のアニメーション映画『天気の子』の主題歌になった「愛にできることはまだあるかい」と「グランドエスケープ feat.三浦透子」（作詞・作曲　野田洋次郎　2019年）、そして「大丈夫」（作詞・作曲　野田洋次郎　2019年）という楽曲。

　さらには、Official髭男dism というバンドの「Pretender」（作詞・作曲　藤原聡　2019年）と「宿命」（作詞・作曲　藤原聡　2019年）、「I LOVE...」（作詞・作曲　藤原聡　2020年）。

　そして、これから論じる King Gnu（キングヌー）だ。「白日」（作詞・作曲　常田大希　2019年）が大ヒットしたね。

　最後に触れたいのは、宮本浩次の初のソロアルバムなんだが、それは、この本の最終章で論じてみよう。

晶子：三浦大知君については、第一部で「Be Myself」（作詞・作曲　Nao'ymt　2018年）という楽曲を、かなり詳細に論じましたが。「Blizzard」も迫力があるね。これも、作詞・作曲がやはり Nao'ymt。「Be Myself」をさらに過激にしたような。

八潮：そう、現代の高度産業社会のメタファーとして、巨大な氷の塊のイメージが描かれている。その冷ややかなシステム、われわれの魂を締め付ける巨大な観念の体系とい

うもの、それは、僕らが第一部で把握したような、モダニズム的世界観のことだと言ってもよいだろう。それがこの世界を、科学を中心とする合理主義のさまざまなコンセプトによってがんじがらめに縛っている。人々の生存感覚を、意味・価値を剥奪された断片のような個として規定し、消費社会の生存競争の中へ駆り立ててゆく。一人ひとりの存在を、無機的でバラバラな、意味も価値も無いアトム的な個として規定している。

その砂漠のような世界の中で現代人はサバイバルを強いられる。個人主義や自分の合理主義を武器として戦うことを強いられる。こういう現代人の生きざまの先には、死と虚無の風景が待ち受けているわけだ。死と虚無が、いつも自分の身体を取り巻いていると感じさせられる。そういう三次元の現実の中で、われわれは実績づくりや競争に追い立てられ、冷え切って引き裂かれた家族や人間関係の中で、お金で測られるさまざまな価値に拘束されながら、自分の幸せという概念を規定させられている。

こういう、狭い産業社会を生きる大人たちの個の殻を作り上げている、巨大な幻想・観念のシステム、それを氷の塊として描いているのが「Blizzard」だと思う。そこで息も絶えだえの現代人の感覚というものが、上手く表現されている。

晶子：その塊、壁を壊そうと。

八潮：その衝迫力が素晴らしいんだ。歌詞・曲・三浦君のダンス、これが三位一体となっている。闇の深い風景の中で一分のたるみもない緊迫感のあるダンス・パフォーマンスが繰り広げられる。その迫力に、2019年のNHK『紅白歌合戦』でとても衝撃を受けたんだよ。

晶子：作詞・作曲のNao'ymt（矢的直明）君と三浦君のコラボによる表現として、『球体』（作詞・作曲　Nao'ymt 2018年）というアルバムもあるのだけれど。これには、舞台での三浦君のダンス・パフォーマンスもDVDに収められていて、とても見応えのある舞台芸術になっている。これがみずみずしくも鋭利な表現世界でね。彼らが、現在という時空を鋭い内省力で感覚的に押さえながら、それを超える場所を求めている姿に感銘を受けるのね。

八潮：そして2019年、『FNS歌謡祭』で観たのが「COLOR-LESS」。これもインパクトが大きかった。

　この世界で自分はあらゆる色に染まれるけれども、自分の本体はいつも無色なんだ、色が無いんだ、というメッセージだ。これは作詞が三浦君自身なんだが、素晴らしい作品だと思ったよ。

　カラーレスであることは、うつろだということではないんだ。易の世界観をベースとする中国の朱子学や陽明学には、太極とか太虚という概念がある。それに近いイメージだと感じる。太極や太虚というのはね、森羅万象に遍在す

る、目に見えない四次元的な宇宙生命だ。それが、三次元のこの目に見える空間を包摂しながら、四次元を司（つかさど）っている。そこに自分の〈虚〉としての本体がある。第一部で僕らが語った概念で言えば、〈闇〉とか〈龍〉といったイメージに通ずるものだ。個を超えた類的無意識と言ってもいい。まあ、これは僕なりの突っ込んだ解釈だがね。

「COLORLESS」という作品で描かれた、色が無い存在の本体というものは、色があるものに化身できるんだ。どんな色にも染まることができるし、どんな色にも対応できるが、でも本体は目に見えない大きな存在であり、自分の個体を超えて宇宙的に拡がっている、〈虚〉としての存在なんだ、というね。

　宇宙生命の目に見えない源泉としての太虚・太極というのはね、陰と陽という二つの気の中に内在しつつ、陰と陽の組み合わせ・ダイナミズムによって、さまざまな実態ある三次元の形・色を生み出してゆく。三浦君のこの楽曲とイメージが重なる。深いインスピレーションとインパクトに富んだダンス・パフォーマンスに感動したんだよ。

晶子：椎名林檎の『三毒史』というアルバム、これも充実した内容で、第一部で取り上げた、「獣ゆく細道」（作詞・作曲　椎名林檎　2018年）「人生は夢だらけ」（作詞・作曲　椎名林檎　2017年）などが収められているのだけれど、彼女の現在までの表現史の思想的な到達点を見ることができると言ってもいいかなと思いますね。

どれか一つの作品の色で椎名林檎を分かった気になられることを徹底して拒絶するかのように、たとえば「獣ゆく細道」と対になるような「鶏と蛇と豚」（作詞・作曲　椎名林檎　2019年）なんて楽曲を配置している。前者では、本能の解放を歌い、このかりそめの生を精一杯貪れ、と歌っているのに対し、後者では、「貪る」ことがどれほどおぞましい病理であるかをあますところなく洞察してみせている。そういう価値の相対化の目線によって、アルバムの世界観の振幅を押し拡げつつ、さまざまな色彩を解放してみせている。

　白か黒かといった、自身の価値の軸をどこかに定めてしまって嘘になることを怖れ、徹底して言葉の精度を上げることで嘘を剥いで、でも言葉そのものを信じるのではなく、その挙げ句にほとばしる本能を祝祭的に解放しようとする。

八潮：うん、その中でことのほか印象的だった曲が「駆け落ち者」という作品だ。BUCK-TICKというバンドのヴォーカルである櫻井君とのコラボで、『ミュージックステーション』（テレビ朝日放映）で披露されたのも観たんだが、椎名林檎の目指す場所というものが、抽象度の高い言葉を精選しつつ、非常に官能的に表現されている。

　そこでは、現世の三次元的空間の重力を離脱してゆくことが目指されている。男女のペアによるエロス的な合体のイメージを通して、現世のしがらみの象徴としての重力を離脱し、非日常的な透明な幻想空間へと超越したい、とい

う渇望を表現した作品だ。

晶子：第一部で、彼女の「おとなの掟」（作詞・作曲　椎名林檎　2017年）について語ったけれども、この楽曲でも、突出した孤独な彼女の自我というものが、宇宙的な果てしない闇の中へ融ける時に、最も充足して自由なんだ、完結していると感じられるんだ、そこで一番魂が自由に羽ばたくんだ、と訴えかけている。彼女らしい資質が解き放たれている。男女のエロティックな道行きの姿を借りながら、彼女自身の自我の救いが希求されている。

八潮：まさに、駆け落ちという姿、近松門左衛門の戯曲における心中者のカップルの道行きのようなね、そういうイメージによって、脱社会的な殺気をみなぎらせた名曲だと思うよ。不条理な現世の三次元の重力を視野の後景に退かせ、それを超越し得る四次元的なコスミックなまなざしに、自身の究極のアイデンティティーを求めようとしている。

　ただし、この歌で表現されているような愛を、現実の生身の男性に向かって注がれたなら、男の方はたまったものではない、という事は強調しておく必要がある。それは、女性による男性へのナルシシズム的な同化感情の強制になってしまうからだ。そんな強制をこうむったなら、男の魂は圧殺されてしまう。このナルシシズム的な同化感情をめぐる問題点については、次の章「性愛の闇」において、改めて語ることにしよう。

だから、僕たちはここでは、「駆け落ち者」という楽曲を、あくまでも、男女のペアによる道行きというシンボルを使って、「重力からの離脱」という脱社会的なメッセージを表現した、ヴァーチャルな虚構作品とみなすことにしたい。

晶子：重力からの離脱と言えば、RADWIMPSの「グランドエスケープ」もまさに、離脱のイメージ。

八潮：そう、すでにこのバンドについては語ったけれども、この曲にも、野田君の超越願望が鮮やかに表現されているね。重力によって支配・拘束されているわれわれの文明と、その中で強いられた個々人の運命というものへの、野田君の激しい敵愾心（てきがいしん）を強く感じさせる。白昼の太陽に照らされた、三次元における可視的・合理的・唯物的な世界観というものへの敵意だ。そんなものに縛られたこの地球を離脱して、四次元の象徴としての別の星の世界へエスケープしたいという願いが、いや応なくせり上がってくるだろう、さあ、飛翔しよう、という、アジテーションを孕（はら）んだ楽曲だ。

晶子：BUMP OF CHICKENや米津玄師君の表現世界においても、重力の拘束力というのは、大事なテーマだったけれども。

八潮：そう、彼らはね、重力から離脱し、超越したいんだ

が、重力がいかに侮れないか、よくわかっている表現者だ。人間が生きるということは、重力に抗って、太陽に向かって立つ、ということ。その重力の厳しさと、それに抗う人間という存在の偉大さをね、僕らは深く噛みしめる必要がある。

晶子：米津君が作詞・作曲・プロデュースした「パプリカ」が大ヒットしたけれども、Foorin（フーリン）という子どもたちのグループが、大地を蹴って躍りながら、跳ね回りながら、花が咲くことに喩えられた命の賛歌を歌っているよね。

八潮：でも、その賛歌には、ほの暗さがある。それが「パプリカ」の魅力だと思う。日本的なヨナ抜き音階を上手く使って、人々の耳に自然になじませながら、どこか郷愁をそそり、人の悲しみに寄り添うようなほの暗さを秘めている。光だらけの曲にはしていない。子どもたちが太陽に向かって跳び上がる力を支えているものが、実は、ほの暗い闇の世界なんだ、そんな世界観を伝えてくるね。

　僕らは第一部で、存在を包摂しながら根源的に司る宇宙的な渾沌、四次元的な時空生命体としてのコスモスのことを、〈闇〉と呼んできた。闇は、生命と虚無の両義性を備え、両者の葛藤によるダイナミズムを通して、存在の生々流転を司っている。この闇のイメージは、人類史の神話的な伝統においては、水・月・女性・龍といったシンボルに通じ

ている。闇の中から光が生まれるように、深々とした水の中から、いのちの火が紡ぎ出されるというのが、神話的な叡智だ。

「パプリカ」という楽曲には、そういう神話的な世界観を想起させるものがある。ただ太陽に向かうだけの、キラキラ系の曲ではない。

晶子：単に、重力からエスケープしてしまおう、というメッセージでもなく。

八潮：米津玄師君にはね、重力から逃げない、逃げられない、という強い決意と断念があるね。人が生きるということは、重力とたたかって太陽に向かうことだ。それには強い覚悟が必要なんだ。このたたかいを包み込むのが大いなる〈水〉であり〈闇〉であり、四次元の感覚なんだ。

　その〈水〉の感覚に包まれてこそ、人は、真に生気ある、いのちの火を立ち上げることができる。その火は、現世の重力を超越せんとする、四次元の火なんだ。

晶子：重力と、重力を超越することと、その両方に足を踏ん張って歌っているのが米津ワールドであり、「パプリカ」の詞・曲の中にも、その感覚が流れている、と。

八潮：そう。今触れた、RADWIMPSや椎名林檎や三浦大知の表現は、超越の方にアクセントが置かれているといって

いいだろう。その超越願望の背景にはもちろん、重力との
たたかいが秘められてもいるわけだが。米津玄師君の表現
はね、その重力の強さに引きずられて生きているという哀
しみ、痛みが、そのまま作品に〈水〉を流しているところ
があるんだよ。重力とのたたかいの痛々しさと同時に、そ
れを超越したいという願望が哀しみを潜めながらほとばし
るようなね。

　米津君の超越的な火は、その〈水〉の流れの中から紡ぎ
出され、流れの内に包摂されている。

晶子：超越願望の裏には必ず重力との厳しいたたかいがあ
るわけだけれども、それを表現としてどう定着させるか、そ
こにアーティストとしての資質の違いが表われるのが面白
いね。アクセントの置き場所が異なる。

八潮：同じ課題に対する、その資質の違いによって、現在
の表現というものは、実に多彩な成果を見せてくれている。

晶子：Official髭男dismというバンドと、King Gnuという
バンド。この二つのバンドの表現は、まさに重力系（笑）、
それも横綱級。いずれも、今、すさまじいまでの人気を誇っ
ているのだけれども。

八潮：そうだね、すぐ耳に入ってくる（笑）。いずれも力の
あるバンドであり、独自の表現世界を築いていると思うよ。

髭男の方は、「Pretender」や「宿命」という歌が昨年ヒットしていた。「宿命」は、夏の甲子園の応援ソングとして、テレビ朝日系列でよく流れていたんだが、そこでは、「奇跡」という概念が中心モチーフになっている。

晶子：私たちも、第一部で「奇跡」という概念を問題にしたけれども。特に、GACKTが「OASIS」という楽曲で立ち上げた「奇跡」という概念、そこに、生きること全てが実は奇跡なんだ、というイメージを読み取って、その概念を広く解釈してみました。

八潮：そうだったね、なぜ生きること全てが奇跡かというと、われわれは実は、個人の合理的な才覚なんかによって生きてるんじゃないからだ。そんなものは氷山の一角なのであってね、人間の生きる力を生み出し、生きさせているものは、本能なのであり、この本能というヤツが、実は、三次元的なものではなく、四次元的な類的無意識にその根を下ろしているということを、「第一部」で語ってきた。この四次元のものとしての本能によって、われわれは生かされているにすぎない。この行為の中でしか、合理主義や計算というものは、ほんとうは意味をなさないんだ。われわれの生きるという行為は、四次元によって生かされている、一つの奇跡なんだ。

　そういう風に、奇跡という概念を広く捉え直して語ってきた。

それに対して、この髭男の「宿命」という作品で歌われている「奇跡」は、ごく一般的に使われている意味、つまり、ふつうそんなことは起こりっこないよな、起こるなんて凄いよな、という、めったにあり得ないこと、といった意味だ。

　現代人は、このあり得ないことが起こるとだね、それを偶然だとか、原因を探して因果律で解釈して必然だ、とか呼ぶ。それはね、さみしいことだよ。その奇跡に深い意味や価値を見出すのではなく、たまたまであるとか、原因があったからだとか、合理的な解釈と、それでは解釈できない例外とに回収しようとする。

　髭男は、「奇跡」でなくていいんだ、と歌う。美しくなくてもいいんだ、と歌う。ただこの強いられた宿命を生き抜くんだ、と歌う。強いられた宿命、逃れられない宿命を、ともかく精一杯生き抜く。そこに栄光があり、生きることの究極の価値を見ている。

　つまりね、「奇跡」や「美しさ」というポジの価値に生きる拠点を置くのか、そのようなポジの価値を剥ぎ取ってしまったところに生きる根拠を求めるのか、という問題がある。

　髭男はね、存在の意味や価値を振りかざす世界観やそれに基づく倫理的な生き方というものへのアンチテーゼを「宿命」で歌っている。存在の意味や価値に目を向けるのではなく、それらを超えたところに生きる根拠を求めたいと歌っている。それなのに、だ、「Pretender」では、面白

いことに、そこに登場する「君」という人物は、髭男の世界観・価値観とは真逆な思想の持ち主として歌われている。つまり、存在の意味や価値の大切さを強調する世界観を持つ人物だと考えられるわけだが、そういう、およそ彼らとは相容れないはずの立場に立つ「君」の美しさを、なぜか、これでもかと讃えている（笑）。

晶子：髭男の基本ポリシーとしては重力系であり、四次元的な意味や価値ではなく、この宿命の重力、現実の重力の中に生き抜くことの究極の根拠を求めているはずなのに、「きれい」な「君」という存在にくらくらしている（笑）。そのくらくらがどれほど凄いか、ということを歌いたい、その衝迫力が、「Pretender」という楽曲には、またヴォーカルの藤原君の歌唱には、よくにじみ出ている（笑）。

　2020年の2月にリリースされた「I LOVE...」という楽曲では、その愛の感覚がさらに深まっているよね。それまでは、手堅い重力系の生活者だった作者の日常の中に、非日常的な、超越的なまなざしが浸透してくる。そのみずみずしさに虚を衝かれた、驚きの感覚が歌われている。

八潮：そうだね。重力系であればあるほど、実は超越的なまなざしに渇いている。そんな矛盾・逆説が、この世の中にはいくらでもあるんだ。その矛盾をまたこれでもかと見せつけてくれるのが、King Gnu というバンドだ。

晶子：はい、それはもう興味深いバンド（笑）。彼らの「白日」という楽曲が大ヒットしたことの意味はぜひとも読み解かねばならない。現在という時代の象徴的な一つのピースだと思いますね。

　ヴォーカルの井口君の透明感のある歌声が印象的だけれども、もう一人のヴォーカルであり、作詞・作曲・プロデュースなど、このバンドの表現を率いているのが常田大希君。いずれも東京芸大出身だったり中退だったり、音楽家としてのエリート的出自をしている。にもかかわらず、その楽曲は、大衆の精神的な意味での底辺の感覚というか、意味や価値からはぐれてしまった者、聖なるもの・美しいものからどうしようもなく遠ざかってしまわざるを得なかった者、そういう者たちの魂の不遇感・不条理感というものを、これでもかと叩きつけるように歌う。

八潮：そうだね、経済的な意味合いとか、社会的な能力、いわゆるスペックといったゲスい言葉で測られるような能力とは別の、精神的な、あるいは魂のレベルのというか、世界観というものをどのように抱き得るかという意味における、底辺の感覚に苦しむ若者たちが、今たくさんいるように思う。自分を本当の意味で肯定できない、この世界を信じることができない、そういう不条理感に苛（さいな）まれざるを得ないという意味での、底辺の感覚。そういう若者たちの絶大な支持を集めているであろう、まさに、今最も重力系の表現をしているバンドなんじゃないだろうか。

彼らのアルバム『CEREMONY』（2020年1月リリース）を丁寧に聴いたけれどもね、その読み解きを背景として、まずは「白日」を論じてみたいんだ。

....

白日（作詞　常田大希）

時には誰かを　知らず知らずのうちに
傷つけてしまったり　失ったりして初めて　犯した罪を知る

戻れないよ、昔のようには　煌（きら）めいて見えたとしても
明日へと歩き出さなきゃ　雪が降り頻（しき）ろうとも

今の僕には　何ができるの？　何になれるの？
誰かのために生きるなら　正しいことばかり　言ってらんないよな
どこかの街で　また出逢えたら
僕の名前を　覚えていますか？
その頃にはきっと　春風が吹くだろう

真っ新（さら）に生まれ変わって　人生一から始めようが
へばりついて離れない　地続きの今を歩いているんだ

真っ白に全てさよなら　降り頻る雪よ　全てを包み込んでくれ
今日だけは　全てを隠してくれ

もう戻れないよ、昔のようには　羨んでしまったとしても

明日へと歩き出さなきゃ　雪が降り頻ろうとも

いつものように笑ってたんだ　分かり合えると思ってたんだ

曖昧なサインを見落として　途方のない間違い探し

季節を越えて　また出逢えたら

君の名前を　呼んでもいいかな

その頃にはきっと　春風が吹くだろう

真っ新に生まれ変わって　人生一から始めようが

首の皮一枚繋がった　如何しようも無い今を　生きていくんだ

真っ白に全てさよなら　降り頻る雪よ

今だけはこの心を凍らせてくれ

全てを忘れさせてくれよ

朝目覚めたら　どっかの誰かに　なってやしないかな

なれやしないよな　聞き流してくれ

忙しない日常の中で　歳だけを重ねた

その向こう側に　待ち受けるのは　天国か地獄か

いつだって人は鈍感だもの　わかりゃしないんだ肚の中

それでも愛し愛され　生きて行くのが定めと知って

後悔ばかりの人生だ
取り返しのつかない過ちの　一つや二つくらい
誰にでもあるよな　そんなもんだろう　うんざりするよ

真っ新に生まれ変わって　人生一から始めようが
へばりついて離れない　地続きの今を歩いて行くんだ

真っ白に全てさようなら　降り頻る雪よ　全てを包み込んでくれ
今日だけは　全てを隠してくれ

⋯⋯⋯⋯⋯⋯⋯⋯⋯⋯⋯⋯⋯⋯⋯⋯⋯⋯⋯⋯⋯⋯⋯⋯⋯⋯⋯⋯⋯⋯⋯⋯

晶子：この歌詞だけを読むと、もう重力にぺしゃんこにされている、地上に這いつくばらせられている、そんな魂のやるせなさがずど〜んと響いてきてしまうんだけれども、サウンドが実に軽快に耳に滑り込んできて、気が付いたら口ずさんでしまっている、この中毒性には参りました（笑）。

　しかも、ヴォーカルの井口君の声が、冒頭、これでもかという透明感で、やるせない喪失感を哀切に聴き手に注入してくる（笑）。

八潮：と、思ったら突然、軽快でいくぶん投げやりなリズムで、正しさや美しさを放棄した、重力への屈服を、早口にたたみかけてくる。

晶子：2019年の『紅白』での歌唱も素晴らしかったのだけれども、ミュージックビデオも凄いのよね。動画再生回数だのダウンロードだのの記録を塗り替えたらしいけれども。白を基調とした空間で、ただ、演奏しているだけのシンプルなビデオなのに、井口君の歌唱が神がかっていてね。思わず引き込まれてしまう。いや、これほどまでに重力に屈服した世界に、こんなに引き込まれていいのだろうか、と思うくらいにね（笑）。

　JUJUの「いいわけ」のところで、矢沢あいの『NANA』という漫画について触れたけれども、あの世界観にも一脈通じるものがある。実にベタで救いのない世界観なのに、その地上的などろどろ、重力、破綻、悲惨、哀切、我執、葛藤、諦念、そういうものを、これでもかというくらいはかなく美しい詩的抒情として、地上を包み込む降りしきる雪のように歌い流そうとする。

八潮：貴女、超越派のように見えて、意外と『NANA』とかKing Gnuとか、重力系にハマってるよね（笑）。

晶子：自分でも意外なんですけど（笑）。私の中にも矛盾がいっぱいございますので（笑）。

　冒頭は井口君の哀切な、透き通った裏声でゆったりとしたソロ。テンポが速まる「**今の僕には**」のフレーズからは、常田君の声が前面に出る。常田君の方は、煮ても焼いても食えない、この三次元の現実の重力としたたか葛藤したで

あろう男臭い顔と声でね、井口君と対照的な声質を巧妙に重ね合わせてゆく。

八潮：天上と地上が分極しながら一体となって駆け抜けるようなサウンドだよね。

　この楽曲が大ヒットしたということの現在性は、ひと言で言うなら、その分極を、等身大の独白として解放してくれた表現への大衆的な支持、ということになるだろうね。

　先にも述べた、世界観的な底辺の感覚、それを等身大でさらけ出した表現だ。

晶子：髭男の「Pretender」は、重力系といっても、もう少し抽象度の高い詩の世界を歌っていて、恋愛というものをメタファーとして、美しいもの、意味、価値、そういった高次の存在への逆説的な愛を歌っているけれども、King Gnuは対照的に、実に散文的な重力の圧というものを歌っている。散文的なリアリズム的なまなざしが強い。それでいて、それを包み込んでくれる真っ白な雪への倒錯的なまでの憧れは、むしろ髭男よりも強いと言ってもいいかもしれない。その、倒錯的なまでの、という分極の姿に、聴く者はくらくらっとなる。

八潮：近代日本の自然主義文学の世界を想起させるね。ベタで私小説的でリアリズム的なまなざしが強いんだが、その重力に打ちひしがれた世界を、日本の自然主義文学とい

うものは、「宿命」という無常観によって情緒的に流そうとする。『NANA』もそういう意味で自然主義文学の優れた末裔だね。このKing Gnuもだ。

晶子：そう、『NANA』では「大魔王」という力が存在している、と主人公が認識していて、それが彼らの運命をわしづかみにして不条理へと導いてしまう。これ、「宿命」と言い換えてもいいね。

八潮：King Gnuは、その「宿命」に打ちひしがれて、個人の倫理など吹っ飛んでしまうんだ、誰だってそんなもんだろう、という悲しい開き直りまでも歌う。「真っ新に生まれ変わって　人生一から始めようが／へばりついて離れない地続きの今を歩いているんだ」とか、「首の皮一枚繋がった　如何しようも無い今を生きていくんだ」とか、「真っ白に全てさよなら」とかね、「朝目覚めたら　どっかの誰かになってやしないかな／なれやしないよな」とか。重力に対するこのお手上げの感覚というものの凄みを、これほどあからさまに歌い上げた表現というのは、これまでのミュージックシーンには、無かったものなんじゃないか。日本の近代文学が描き続けてきたものではあるんだが、それをあからさまに歌うJ-POP作品に、大衆が熱狂しているのが現在なんだ。

晶子：第一部では、「超越」に重心を置いて論じてきたので、

そのような三次元の現実を超えようというアジテーションや祈り、そういう歌詞の作品が多かったけれども、実に対照的に、King Gnuは、「超えられっこないよな」と歌う。

八潮：それに貴女がハマっている（笑）。

晶子：それはね、その「超えられっこないよな」という言葉の裏に、どれだけ超えたいことか、という超越への切なる願いを感じ取ってしまうからだと思うね(笑)。そういうツンデレには弱いのです（笑）。諦めているフリして、猛烈に憧れているとか。餓えたフリして実は倫理的だったりロマンティストだったり。その憧れが、「**真っ白に全てさようなら　降り頻る雪よ　全てを包み込んでくれ／今日だけは　全てを隠してくれ**」と歌わせることになる。さよならしながら、熱烈に焦がれている。井口君の熱唱がね、この国の大衆の悲痛な叫びを全身に引き受けて歌っているように聴こえてくる。その天上と地上の分極の哀しみ、それを超えたいのに超えられないという哀しみが、白い雪を降りしきらせる姿は美しいですよ。世界観的な底辺の感覚ではあるけれども、そのことで、どうせ世界なんてくだらない、といった具合に、世界をも自分をも蔑んでいるかというと、そうではなくて、だからこそ憧れる雪の白さというものを、徹底的に美しく描いてもいる。それはね、逆説的ではあるけれども、人々の天上的な美への郷愁にしっかり届く歌なんだよね。

八潮：確かにね。人生いくらでもやり直しがきくかというと、無理なんだ、一から始めようとしても、悪因縁がついて回る。知らず知らず重ねた罪の重さに引きずられて前に進めない。後ろめたさや自責の念に絡め取られ、自覚しないまま人を傷つけ、傷つけられながら罪を背負ってしまう。救われない生き物が人間というものだ、と。常田君にはそういう認識がある。その罪業の深さを抱えて生きていくしかない。真っ白にはなりようが無いんだ、と。でも明日へと生きてゆかねばならない。人と関わりつつ、泥まみれで。倫理や価値をふりかざしていたのでは、生きてゆけない。それらを捨ててかかる。関係のしがらみの中、どんな罪を犯してしまうかわからないのが人間なんだ、業を背負い込んでしまうしかないんだ、と。

晶子：その業の深さが「白日」のもとに晒されている、という感覚。ごまかしようがない、という感覚を訴えているね。でも、ほんとうは、そこを超えたい、でも超えられない、だから、かろうじて、「**季節を越えて　また出逢えたら／君の名前を　呼んでもいいかな／その頃にはきっと　春風が吹くだろう**」と歌う、この「君」への愛の慎ましいこと。「君」と出逢えているんだ、などと豪語できない慎ましさ（笑）。「**君の名前を　呼んでもいいかな**」なんて、かわいい望みを慎ましく歌う。「**また出逢えたら**」の話として。どれだけ「君」とまた出逢いたいと、喉から手が出そうな

ほど望んでいることか。

八潮：だが、そのために「季節を越える」のが、たいへんなことなんだ。これは、ただ運が良い方に向いて春が訪れるというだけではない、世界観が変わらなければ無理だ、ということのメタファーだよね。

晶子：「その頃にはきっと　春風が吹くだろう」と言っているけれども、これは、出逢えてハッピーになれる、というよりは、そんな季節の越え方なんて、つまり、自分の世界観を変えることなんて、できっこないよな、に聞こえる。できたとしたら春風が吹くよな、でも自分はできないから吹きっこないや、と聞こえる。だから、雪を降りしきらせてしまう。

八潮：救いが無い歌なんだよ（笑）。

晶子：でもこの「春風が吹くだろう」を聴くと、みんな、胸がきゅんきゅんしてしまう（笑）。私も。

八潮：救いが無いんだが、ここにはやはり、「かたわれ探し」の熱情がほとばしっているとは言えるね。
「どろん」（作詞・作曲　常田大希　2020年）という曲が、アルバム『CEREMONY』に収められているんだが、そこには、常田君が、この現在の資本主義社会の中で浮き沈み

しつつ生き抜いてきたときの気持ちというものが込められているように思う。

　彼は1992年生まれのまだ若い表現者だ。東京芸大の器楽科に入学して、チェロの演奏家としても凄腕らしいんだが、一年で中退して、芸能活動での成功を模索していたようだ。そこからの人生で、King Gnuというバンドを成功に導くために、さぞやいろいろな苦労があったんだろうなと推察できる。『CEREMONY』というアルバムは、全て彼が作詞・作曲・プロデュースして、チェロもギターもヴォーカルも、さらにはコントラバスやピアノまでもこなして制作している。多彩で有能な表現者だよね。その成功に至るまでの人生経験がどれほど凄惨なものであったことか、どれほど魂をぼろぼろにしてきたことだろうか、捨てたくない理想を捨て、したくない妥協を受け容れ、プライドと野心に苦しみ、もがき、這い上がろうとしながら、でも、どうしても捨てられない何かを守り続けようとしてきたことか。

　『CEREMONY』を聴くとね、常田君のそんなしたたか泥水をくぐったであろう人生体験がにじみ出ているように感じるんだよね。

晶子：「どろん」も、「白日」とよく似たアップテンポのたたみかけが心地よい、そこに過激なストレスをがんがん噴射するような、これも若者たちの中毒性をそそる楽曲だよね。「白日」よりも毒々しい格好良さに、「ぶち抜かれた」と感じる若者も多いと思う。

八潮：うん、この高度消費資本主義の世の中、とりわけ芸能界という場所でね、商品というものを売っていくということがどういうことなのか、叩きつけるように歌う。上品ぶったことなんか言ってられないんだぜ、あっという間に消費され、飽きられ、使い捨てられてしまうんだ。誰も信じられない世界、互いに利害関係だけで成り立つ世界、油断も隙もない世界。清濁併せ呑んで、かろうじてそこに居場所をつくって、長いものに巻かれながら、理不尽に耐えながら、表現を商品として売っていく。そんなストレスがぶちまけられている。

　自分という存在が、いつでも取り替えのきく歯車のようなもので、売り上げでしか評価されないということが、おそらく並々でないプライドを持っていたであろう常田君にとって、どれほど屈辱的なことだったろうか。いつのまにか、魂の中の、譲り渡してはいけないものを譲り渡してしまった苦しみ。自分の表現理念によって、いつしか人を傷つけたり傷つけられたりもしただろう。己れの表現意識を押し殺し、大衆のニーズに寄り添って居場所を作ろうとした軌跡もおそらくはあったのだろう。

　そんな葛藤が、『CEREMONY』にはにじみ出ていて、彼の重力への屈服の姿に対して、彼がいつも寄り添ってもらいたいと望む「君」の存在が見え隠れしている。

　このバンドの表現の核心部は何かというとね、「愛」というものが「向こうからやって来る」という感覚なんだ。自ら

の主体性でどうこうできるものではなく。受け身なんだ。自分の知らず知らず重ねてしまった罪業の深さを、ちょうど阿弥陀如来が救ってくれるのを待つしかない、と考える、親鸞の浄土真宗みたいな感覚ね。「君」あるいは「あなた」という人物が、そういう救われない魂を救ってくれるような存在として描かれている。苦しみを内在的にわかってくれて、寄り添ってくれるような存在。

　その存在との絆が、常田君が自分自身を軽蔑しないように生きるための、自分を蘇らせるための一縷の望みのように描かれている。そこが、彼らの表現が「かたわれ探し」というテーマにリンクしてゆく場所なんだ。

晶子：常田君も、その歌詞から感じられるのは、私小説的な曲作りをする人だということだね。大衆のニーズに寄り添うための虚構として歌詞をこしらえているのではなく、自身の内在的な体験に即して素直に作詞しているのが伝わってくる。

　だから、彼が歌詞で、魂を売った、といった意味のことを書いていたら、確かにそれに相当するような体験があったのだろう、と推察できるようなね。

八潮：そう。具体的にどんなことでどの程度の魂の売り方だったのかはもちろんわからないわけだがね。『CEREMONY』の全ての作品に、常田君のそういう痛みというものがほとばしっている。そこから救われたいとあがいている。そ

こで、「君」という人物に、ともかく寄り添ってもらいたいという気持ちを抑えきれない。ことのほか、そういう愛に溢れた曲が「壇上」（作詞・作曲　常田大希　2020年）という作品でね。

　これは井口君ではなく、常田君がヴォーカルとして歌い上げている。僕、この曲に胸を打たれたんだよ。ああ、常田君、どうしても譲り渡してはいけないものを、君はちゃんと守っているなあ、って思えるんだよね。涙なしには聴けない曲なんだ。歌詞を読んだだけでも胸がいっぱいになったんだ。

晶子：貴方もなんだかんだ言って、惚れ込んでますねえ（笑）。

八潮：だって泣けるよ、この「壇上」は。資本主義の業界で成功するための苦闘の中で、魂を売り払ってしまった常田君がいる。それを痛みとして感じている彼がいる。つまり、三次元の現実の利害打算の中だけで、ものごとを処理しようとしていた彼がいた。ほんとうは、四次元からエネルギーを汲み上げるべきものなのに、それを怠ってしまっていた。その愚かさを、ひしひしと感じているが、もう手遅れだ、と思ってしまっている。でも、譲れないものもあるんだ、と。君には側にいてほしいんだ、と言うんだよ。

　そこにはね、必死で自分自身を軽蔑しないように生きたいと願う常田君がいる。自分の大事なものを守っているか

ら、自分は堕ち切っていないんだ、と思って、救いを求めている常田君がいる。「君」が側にいてくれたら、大事なものを守り切れるんだ、と思ってね。どれだけ時間がかかっても、帰りたい場所があるんだと。彼は帰れるんだ、と信じている。そのハートに、僕は泣けるんだよ。

　ここにはね、最も正直に自分をさらけ出した、最高の私小説の美しさがある。

晶子：「白日」や「どろん」では、ともかくストレスをぶちまけろ、という勢いが強いけれども、「壇上」は、しっとりとしたバラードで、少し引いた場所から自分を見つめている目があって、「俺、まだ信じられるんだよな」って歌ってるよね。

八潮：そう、まだ信じられる。それはね、その時点で、もう救われてるってことなんだ。人はね、自分自身を軽蔑してしまうと、駄目になる。より正確に言えば、自分自身を軽蔑する心にフタをして恥じない人間になってしまうと、駄目になる、ということだ。

　もちろん、人は比較に弱い生き物であり、コンプレックスや自己嫌悪に苦しめられることもある。どうしようもなく、自分を軽蔑するしかない場所に追い込まれることもある。だが、その心にフタをしたまま、放置し続けていると、人の心の中には、なんともいえない濁りが拡がってゆく。自分ばかりか、他人をもいたずらに憎み、軽蔑するようになる。

他人の弱点や卑しさに好んで目を向けるようになり、幸せそうな表情の人や満ち足りた感覚にある人に対して苛立ち、憎しみを覚えるようになる。ひいては、世界を憎むことにもなる。それは、自分にとっても、他者にとっても不幸なことだ。たとえ自分自身を軽蔑せざるを得ないという心境に追い込まれたとしても、その心にフタをせずに、超えてゆきたいという悲願を抱き続けることができるなら、それは、救いへと通じているはずなんだ。

この、自分自身を軽蔑せずに生きられるようでありたい、という希みが、人間のぎりぎりの良心というものだ。常田君にはね、そこを手放さない誇りというものが凛としてあるんだよ。

その誇りがね、かたわれとしての「君」、自力では得られないが、向こうからやって来てくれるものとしての「君」「あなた」という存在への愛と結びついているところに、彼らの表現の核心があるんだ。

それは、現代人の多くが抱えている渇望・課題でもあるわけだ。

晶子：うん。

八潮：第一部の「超越」では、絶対的な出逢いを握りしめられている表現者からのメッセージが多かったけれども、それが得られないという苦しみの場所、そこに表現の軸足を置いている。ある意味、バンプの表現は、それが得られな

い苦しみに対して、どうすればよいかの道筋を伝え、導く
ような作品だけれども、King Gnuは、その苦しみを等身大
で叩きつけ、さらけ出し、「白日」では、愛に手が届かない
という絶望を「雪」という他力の美の世界で覆い尽くすと
いう詩情を歌い上げた。

　J-POPというと、どこか向日的なメッセージを歌うと
いったイメージが拡まっているように思うけれども、King
Gnuは、とことん「お手上げ」「絶望」という場所を打ち出
してみせた。そこを僕らがなぜ評価するかというとね、こ
の「自力では無理だ」「お手上げ」という認識が、超越の契
機になるからだよ。

　われわれの社会を覆っているモダニズム的な世界観とい
うヤツは、ともすれば人に、自力を要求する。それもきわ
めて可視的・機能的・合理的な、すなわち三次元的な自力
をね。だが、人生というのは、そんな自力では決して超え
られない局面というものに直面するようにできてるんだ。

晶子：確かにね。どんなことでも三次元の自力で、自我の力
で、乗り越えられると思っている人間の傲慢さって、その
人間をみすぼらしくするよね。いい意味で「堕ちた」こと
のある人には、つまり、この社会の可視的・制度的な価値
観の枠組みから迷子になったという意味で「堕ちた」こと
のある人には、色気というものがあるよね。そこで目に視
えないものを信じる能力に賭けるしかない、身体を開くし
かない、そんな可能性に開かれてゆく。傲慢でない〈信〉

176

を身にまとうようになる。それが、男にも女にも、色気というものを纏わせるように思うのよね。

「お手上げ」の感覚というのは、「どうせそんなもんだろう」という、人間や存在、世界に対する饐えたニヒリズムと紙一重の場所ではあるけれどもね。非常にきわどい場所。

八潮：現在という時代は、四次元的な〈闇〉の世界から限りなく遠ざけられた社会システムの中で、人が育ってゆく。若者たちは、そのシステムの中での絶望というものに、昔の、〈闇〉を体一杯に吸い込んで育った世代よりも、早々と直面するのかもしれない。そうしてこのKing Gnuのような「お手上げ」の場所にたたき込まれているのかもしれない。そこにね、逆説的な超越への契機を見るならば、時代は明らかに前に進んでいるんだよ。

＃

性愛の闇

■雲田はるこ作『昭和元禄落語心中』
〜コミックスおよびテレビドラマをめぐって〜

八潮：ここまで、〈現在〉における「愛」のかたちを、さまざまなミュージシャンたちの表現を読み解きながら、「かたわれ探し」というモチーフに沿って追求してきた。そこでは、男性か女性か、という性の違いは度外視してきたね。つまり、ミュージシャンたちにとっての「君」とか「あなた」といった「かたわれ」的存在というものが、同性なのか異性なのかはどうでもよくて、ただ、己れの人生に〈意味〉を与えてくれるような魂の「かたわれ」と感じられる、そういう絆を歌い上げた作品を論じてきたわけだ。

　では、その魂の「かたわれ」とは、どういう感覚であったのか？　改めて、簡単に概括しておこうと思う。

　まず、「かたわれ」とは、己れ自身の無意識の奥に抑圧され、〈表現〉を与えられていなかった自分、己れ自身の無意識の奥に秘められていた心の〈渇き〉に気付かせ、それを触発する存在であるということ。

「かたわれ」は心の渇きを癒してくれる存在であり、魂の「導き手」ないしは「同朋」としての感覚を抱かせてくれる存在でもある。しかし、その相手から逃れられない、という感覚にもさせられる存在。

　要するに、自分という存在は「自分一人では完結し得ないんだ」ということを「気付かせてくれる」のが「かたわれ」なんだが、その対（ペア）の相手に補われ、支えられることで初めて自分は真の己れ自身になれるんだ、と気付かされるということはね、いったんその事実に気付いたら、もう、その相手から「逃れられない」ということでもある。

このような条件を備えた相手に惹き付けられる感情は、もうこれは一種の恋愛感情だよね。この感情は、相手が同性でも異性でも起こり得るし、互いにライフスタイルが異なっていたり、歳の差があったり、空間的に離れていても起こりうる。遠隔恋愛もアリだ。

晶子：実際、人はさまざまな相手を「かたわれ」として求めている。実際に付き合っている異性の恋人とか、夫婦とか以外に、自分が神のように仰ぎ見るアーティストという場合もあるし。昨今のSNSには、そういうアーティストへの「かたわれ」的な愛の発露が溢れかえっている。どんなスタイルであれ、この感情は、人を支えるけれども、非常にやっかいなものでもあるね（笑）。

八潮：なぜなら、恋愛感情というものは、人が〈個〉の殻を超えて、愛する他者とエロス的に一体化したいという、非日常的な〈超越〉の渇望だからだ。そして、恋愛感情というやつは、常に、愛する者の内に息づく〈他者性〉の壁と「日常・実生活」の課してくる試練にさらされるほかはないからね。

　人は、瞬間的に他者と「交歓」の時を分かち合い、「一体化」することはできる。ミュージシャンのライブでの盛り上がりみたいにね。また、部分的に他者と一致する点を持つこともできる。だが、完全に一体化することはできないよね。だから、熱烈な恋愛感情によって結ばれた男女が、

その愛を、本当に実り豊かなものにするためには、結婚ないしは同棲という形をとって、〈実生活〉の中で愛を根付かせる必要が生じる。そこでは、必ず、「他者性の壁」と「日常・実生活が課してくる試練」という巨大なハードルを越えなければならなくなる。

　愛し合う者同士の関係が、幸せに安定するためには、互いに一致している点を大切にしながらも、同時に、互いの〈他者性〉を尊重し合い、自分が自分らしくいられるように、安心感をもって生活することができねばならない。そして、久しい歳月をかけて、互いの絆を育み、哀歓を分かち合い、力を合わせて、実生活上の困難、人生の風雪を忍耐強く乗り越え、固有の〈物語〉を織り上げてゆくことができなければならない。

晶子：たいへんな試練の連続ですね。仮に実生活上の試練が無い、たとえば遠隔恋愛的な関係だったとしても、人が誰かに「魂のかたわれ」的感覚を抱いて、その感覚を支えとして己れの人生を意味づけようとするなら、やはり〈他者性〉の壁は待ち構えているし、「実生活上の試練」というものも起こり得ると思うね。その遠隔関係の持続によって己れ自身を持ちこたえようとするのなら。

　つまり、相手を自分の都合のよいように解釈してそれで済む、というのでは、実は本当の意味で自分の人生の支えにはならないのが、この「かたわれ」というものとの道行きなんだと思うね。

八潮：そうなんだ、その相手との関係が、己れの固有の世界観・人生観・生存感覚のあり方の是非を必ず問うてくる。試練にさらされることになる。

　JUJUの「いいわけ」のところでも語ったことだが、生のたしかな足場をもたず、砂粒のような無機的な生存感覚に蝕まれた、孤独でうつろな現代人は、エロスの対象となった相手の魂を強制し、所有しようとかかる。そこでは、恋人・愛する人に対する疑心暗鬼の神経症的な心理劇の地獄や、サド・マゾ的な心理による支配・被支配の「共依存」の関係に陥る危険が生じる。「他者性の壁」が大きく立ちはだかるんだよ。昨今のネット上だけの遠隔関係なら、なおのこと神経症的な心理の探り合いも起こりやすいだろうしね。

晶子：一対一のそういう関係のもろさに加えて、その「かたわれ」の相手は一つとは限らないということもある（笑）。赤い糸は何本もあったりする（笑）。

八潮：自分でも一本だと思っていたのに、実は何本もあった、なんてこともね。例えば、幸いにして夫婦仲が良くて、久しい歳月にわたって力を合わせて人生の風雪を見事に乗り越えてきた男女の場合、実生活の修羅場を共に同志としてたたかい、斬り抜けてきたわけだから、魂の風景を共有している、立派な「かたわれ」同士だろう。しかし、そういう良き夫婦であってもだ、夫も妻も、実はそれぞれ固有

の生の風景と物語を背負っているのであってね。そもそも別々の家庭で育ち、別々の個人史を背負ってきた者同士が縁あって結ばれたのが夫婦なんだしね。どんなに親密で信頼し合っていても、互いに交換不可能な〈魂の孤独〉というものはある。いや、同じ家族の血縁、つまり親子や兄弟姉妹だって、本来、人は一人ひとり別々の人格の持ち主であり、究極においては、人は〈孤独〉な生き物なんだ。

　だから、愛し合う恋人・夫婦といえども、ひとりの固有の魂の持ち主として、パートナーとは別の「かたわれ」、固有の「かたわれ意識」というものを持っていて当然なんだ。その「かたわれ」の数だって、単一か、複数か、人によって異なるだろう。複数の場合には、やっかいなことになるわけだよ。

晶子：「かたわれ」という感覚が、己れの無意識の奥に抑圧されていた心の渇きに気付かせ、それを解き放つ力を与えてくれる存在との出逢いと絆の感覚である以上、「わあ、もう一つあった！」ということも当然起こり得ると。

八潮：もし、ペアの間だけでは、どちらかの「かたわれ」感覚が満たされず、第三者の他者との間に「かたわれ」の感覚を抱かざるを得ない、というケースが生じた場合、そして、その第三者が、単なる憧れや遠隔恋愛の対象にとどまらず、現実の「恋人」として出現するならば、それはつまり「三角関係」という事態を招いてしまうわけだ。

晶子：そういう「かたわれ探し」とはなんの関係もない、無駄にたくさん相手が欲しいという浮気だの不倫だのの問題ではなく（笑）。

八潮：そういう浮わついたレベルの問題なら、逆に話は簡単なんだよ（笑）。人が、本当に「かたわれ」との一体化を渇望すると、そしてそれが不幸にして現実の三角関係という形で顕在化すると、実にたいへんなことになる。

晶子：自分の無意識の奥に秘められていた心の渇きが、第三者の出現で触発されてしまったわけだから、既存のペアとしての実生活の枠組み、現世的な〈個〉としての自分の〈殻〉、社会的なお体裁ももちろん、あらゆるものを破壊し尽くしてでも、その渇きを満たそうとし始める。第三者とのエロス的な一体化によって、現世を超越しようという非日常的な衝動が発生する。これは理性で押しとどめるのはとても難しい。

八潮：そういうことだ。この非日常的な〈超越〉の願望が、新たな実生活の枠組みを、新たに脱皮された絆の形で再構築できない時はね、三角関係は三人の人物にとって悲劇的なものとなるしかない。
　三角関係というものは、この意味で、「かたわれ探し」「かたわれ感覚」というモチーフにとって、最大の〈他者性〉の壁となって、大いなる試練となって立ち現われるわ

けだよ。

晶子：そもそもの二人が、互いに「かたわれ感覚」で結びついたペアであったならなおのこと、「どうして他にもかたわれが必要なのよ！」ということになる。自分のそれまでのペアとしての絶対感が、そこで相対化されてしまい、自分の存在意義の全てを奪い去るものとして、第三者が立ち現われてくるという試練にもなってしまう。

八潮：この問題を深く考えるためには、これまでのように、性の違いを度外視するわけにはいかないんだ。
　われわれ人間の内なる男性性とは何か、女性性とは何かが、深く問われねばならない。すなわち、「性愛の闇」を凝視する必要がある。

晶子：そこで、雲田はるこさんという漫画家の『昭和元禄落語心中』（『ITAN』講談社；2010年創刊号〜2016年32号まで連載）というコミックス作品を取り上げてみましょう、ということに。J-POP作品から、いきなり漫画へ、素材が変わるわけなんだけれど、そもそもは、この漫画を原作としたNHKのテレビドラマが放映されたのをたまたま観たのよね。その主題歌「マボロシ」（作詞・作曲　北川悠仁　2018年）という楽曲を、「ゆず」が歌っていた。作詞・作曲の北川悠仁君は、この原作に感動して「マボロシ」を作ったという。なかなかの名曲なんだけれども。

八潮：うん、ただ、この「マボロシ」という楽曲だけを取り上げて論じたのでは、原作、そしてテレビドラマで描かれた「性愛の闇」というテーマを深く掘り下げるには不十分なものとならざるを得ないんだ。このテーマの深刻さ、複雑さ、そして原作およびテレビドラマの表現の力強さをきちんと本質的につかみ取らないといけない。それには、「マボロシ」だけでは無理がある。

晶子：そんなわけで、しばらく、原作のコミックスと、テレビドラマの読み解きによって、このヤバいテーマを深掘りしてゆくわけですね（笑）。

八潮：そう。僕は第一部でも述べたように、そもそもNHKの番組づくりというものに腹立たしい思いを持っている。『紅白歌合戦』などの音楽番組や高校野球・プロ野球の中継くらいは、わりに抵抗なく観られるが、近年のNHKのドラマや報道番組・特集番組には感心しない。特に報道番組・特集番組は、現在の生老病死をモチーフとして、人を神経症にさせるようなおぞましいものが実に多い。民放もそうだがね。この事は第一部でも強調したが、科学と合理主義で武装した、一つの悪しき権力、フーコー的権力として機能しているのがNHKのこの手の番組だ。

　もっとも、旅や料理・風景などの番組には、良いものもけっこうあるんだが、医療番組をはじめ、科学漬けの目線で塗り固められた特集番組には、冷ややかなモダニズムの

世界観が透けて視えて、うんざりする。ドラマでも、歴史物でも、人間観や人生観、世界観に、このモダニズムの底の浅い合理主義というやつが見え隠れしていて、実に不愉快なんだ。

　例えば、日本史の場合、明治維新によって創り出された近代国民国家という制度的なシステムを一面的に美化するような歴史認識が、NHKにはきわめて強い。近代化という歴史過程が、精神病理的な側面も含めて、物心両面にわたって、国民にどれほどの巨大な犠牲・代償を強いるものであったか、というダークサイドに対する厳しい内省が欠落している。

　1970年代の後半には、NHKのドラマにも、気骨のある作品が幾つも見られたものだが、80年代以降の消費社会の爛熟の中で近代化への批判精神が急速に消え去ってゆくにつれ、時代の病理に対峙する優れたドラマや特集番組もほとんど見られなくなった。21世紀に入ってからは、皆無に等しいといっても過言ではない。逆に、モダニズムの世界観は、ITを中心とする科学・技術の発達に伴って、ますます猛威を振るいながらNHKや民放の番組づくりの性格を規定している。モダニズムのいびつなまなざしをひしひしと痛感させられるのが近年のテレビ業界の実情であり、テレビをつけるたびにそんな番組ばかりを観させられるのは、僕のような人間にとってはなんともつらいことだ。

　だからNHKの番組もできるだけ観ない、というポリシーで過ごしているんだが、スポーツニュースを観たくてうっ

かりテレビをつけていたら、歯磨きの最中だったもんで、消せなくて（笑）。しまった、観たくもないドラマが始まってしまう、と焦ったんだよ。ところが。

晶子：始まってしまったのが、金曜夜の「ドラマ10」という枠で放映されていた『昭和元禄落語心中』(NHK　2018年10月12日〜12月14日まで、全10回放映)の第三回だった。

八潮：主人公を演じる岡田将生君のナレーションにね、思わず引き込まれてしまったんだ。言葉に深みがあり、なにか近代文学的なドラマの王道が展開されているという予感に引きずられたというかね。

晶子：原作は雲田はるこのコミックス。これも入手して読みましたが、これをテレビドラマでは脚本の羽原大介が、見事に原作の本質が浮かび上がるように仕上げていましたね。

八潮：原作とテレビドラマ、この二つの作品で描かれた「かたわれ探し」のモチーフは実に深みのあるものだ。落語物でありながら、重厚で品格のある作品でね。
　主人公は菊比古、この青年が、後に八代目有楽亭八雲を名乗る落語家となる。もう一人の主人公が助六で、菊比古と対照的な落語家となる。この二人の青年と、みよ吉という女性。つまり、男性二人と女性一人の三角関係が重要な

テーマだ。

晶子：そう聞くと、一人の女性が二人の男性への愛に引き裂かれる話かと思ってしまいそうだけど、そうではなく、実は、菊比古が、助六への愛とみよ吉への愛に引き裂かれるお話（笑）。といっても、菊比古と助六が、ボーイズラブ的な関係を持つわけではなくて、あくまで精神的な意味での同性愛が発生している。そこへ、みよ吉との異性愛が絡む。そういう三角関係。

八潮：その三角関係を描くことで、男性性とは何か、女性性とは何か、という根源的な問いが、実に見事に掘り下げられているんだよ。その凄みはね、夏目漱石の『こころ』以上だと言ってもいい。それくらい根源的な掘り下げ方をした作品に出逢ったのは、ほんとうに久しぶりだと思ったんだ。

晶子：この菊比古という青年は、踊りの家元に生まれたけれども、子どもの頃に片脚が不自由になり、親から見捨てられて、落語家である七代目有楽亭八雲の養子となる。後に八代目を継ぐ。親子関係のそういうトラウマのせいか、自閉的・内向的で人間嫌いの青年。師匠の七代目八雲に対しても、自分を受け容れ鍛えてくれた親がわりの存在への親愛感と共に、隠れた虚栄心や嫉妬深さなどには嫌悪感を抱くような。人間の暗部、業の深さというものをいや応なく

洞察してしまうところがある。

八潮：それゆえに、落語に描かれた人間ドラマに彼は深く傾倒する。落語を一つの芸術として表現したい、自分の内面の砦にしていこう、と考えるようになる。そういう芸術至上主義的な表現を目指す落語家となってゆく。

　そもそも落語とはどういう作品世界かというとだね、江戸後期に花開いた文学作品であり、戯作物の一つなんだが、そこで描かれる人間たちというのは、弱点だらけだ。弱さ、愚かしさ、さもしさ、浅ましさ、欲深さ、嫉妬心、ズルさ、悪がしこさ、業の深さ。そういうものに対して、実に寛大なのが落語というものだ。そういう人間の度しがたさというものを、あるがままに受け容れている。だから、十返舎一九の戯作本『東海道中膝栗毛』にも出てくるような、この世は「だまし得、だまされ損」の世界なんだ、それが当たり前なんだ、という世界観に貫かれている。

　そこでは命が軽い。無常観が強く、疫病や飢饉や天変地異で命が吹き飛ぶような世界の中、明日が保証されないという不条理感が蔓延していた時代だ。

晶子：といっても、一応、村や下町の共同体というものが人間関係を親密なものにし、神仏の宿る大自然が人々をコスミックに包み込んでいた古き良き時代だから、豊かな自然や年中行事、氏神の祭りで繋がる共同性、といったものに守られて存在している人間たちの世界。そこでの不条理

感というのは、命の軽さの感覚といっても現在の私たちが命を軽く考えてしまうのとは異質なものではあるよね。

八潮：そうなんだ、前近代の共同体の生命的でコスミックな世界観に包まれて、なんだかんだいって生きていることの意味が与えられていた時代にはね、明日の保証が無くて不如意・不条理に翻弄されるのが人間だ、という無常観は強いんだが、それを明るく笑い飛ばそうという落語の、その命の軽さの感覚には、深い救いがあるんだ。人の命が神仏の懐（ふところ）に深々と抱かれていた時代ならではの温かさがある。現代人が強いられている冷えびえとした命の軽さの感覚とは全く異なる。現代人は、生活水準こそ高くなっているが、科学と合理主義で全てを仕切ろうとするモダニズムの世界観に侵食され、存在から生命的な意味や価値を剥ぎ取られた冷酷なニヒリズムの中に放り出されている。命の軽さの意味がまるで違うんだ。この事は、「第一部」でも強調したよね。

晶子：それに、江戸時代には、なにかしら倫理の歯止めというものがかかっているよね。

八潮：うん。因果応報といった考え方も、倫理的な歯止めになっていただろうね。罪を犯すと、後生とか次の世代に影響を及ぼすんじゃないか、そういう脅え（おび）もあったろうしね。地獄に堕ちるんじゃないかとかね。つまり、来世や他

界というものが、われわれより身近で、神秘的なコスミックな世界に包まれて存在していたわけだ。迷信と呼ばれもするが、森羅万象に対する意味づけがしっかりなされていた。それは、生身の身体を通じて世界風景を生命的なものとして感受し得ていた時代、すなわち豊かなコスモスの息づいていた時代だということだ。そういう受け皿があるからこそ、落語においてもね、人間・人生というものを、無常という川の中に浮き沈みする塵・芥のようにみなして受け流そう、面白おかしくぱあっと咲いて散ろう、そんなデカダンでニヒルな生存感覚を悪びれずに描けたわけだ。現代のお笑いは、その受け皿なしに、ニヒリズムだけをまき散らしているがね。

晶子：受け皿の安定感とニヒリズムという、ある意味、矛盾した顔をもつ江戸時代人。そこに人情ドラマも発生するし、実存的なドラマも発生する。
　人情ドラマの代表作として、「芝浜」という落語がこのドラマにはよく登場する。実存的なドラマとしては「野ざらし」「死神」という作品が登場する。

八潮：「芝浜」は、貧しい魚売りの女房が、酒呑みでぐうたらな亭主を、機転をきかせて律儀な生活者に変貌させるという噺だ。一見温かでユーモラスな人情物にみえるが、実はけっこう怖い噺なんだ。そこには、辛抱強い、堅実な江戸庶民の暮らしぶりの底に、酒や博打で一気に身を持ち崩

しかねない、死と背中合わせになった、破滅的な超越願望が秘められているというダークサイドが透けて視えるからだ。

「野ざらし」では、死というものがいつも身近にあるからこそ、それを笑い飛ばしながら付き合おうとする、そういう人間が描かれる。

さらに「死神」という落語では、何をやってもうまくゆかず、捨てばちになって死のうとしていた男が、死神に出会って己れの寿命がまだあることを知らされる。死神は、重病人の寿命を予知できるようにしてやるから、ニセ医者として金儲けをすればよいとそそのかす。だが、男は欲を貪ろうとするあまり、自分の寿命と引き換えだということも知らずに、うっかり瀕死の重病人の寿命を引き延ばしてしまう。そこで死神から己れの寿命を延ばす最後のチャンスを与えられるんだが、うろたえるあまり、それを無駄にして息絶えてしまう、という物語だ。凄まじい実存的な緊迫感のある落語だ。菊比古が一番傾倒した作品だということになっている。

晶子：菊比古のキャラに話を戻すと、彼は、自分自身と隔たったところにある江戸時代の人物を落語で演じることによって、人間というものを、自分から引き離して、クールに演じたいと思っている。でも同時にそこに、現代にも通じる、死の世界や、人間の度しがたさや、不条理に翻弄される命の軽さをも表現しようとしている。江戸時代に対し

194

て、自身との隔たりと重なりを見出して、それらを一つの芸術表現として昇華させようとしている。

八潮：そのことでね、自分自身の自己表現をしながら、自分の分身たちを作っていく。彼は頭がいい。登場人物たちを理知的に把握し、人間心理を深く洞察する。そして、登場人物に自分の内面を投影しつつ、同時に自分の外へ突き放す。そういう表現者としての菊比古を、岡田将生君が鬼気迫る演技で浮かび上がらせていた。

晶子：大衆を笑いに引きずり込んでしまおう、という落語ではなく、孤独や死への恐怖や関係の地獄や人間同士の愛憎、そういう人間ドラマに観衆を引きずり込んでしまう落語。その笑えない鬼気迫る感覚を、岡田君が熱演していた。

八潮：それに対して、もう一人の落語家、助六を演じていたのが山崎育三郎君だ。菊比古とは実に対照的なキャラとして登場する。人なつこくてさみししがりやで温かい共感能力を持つ助六もまた、とても魅力的に演じられていた。人のさびしさというものを、本能的にキャッチする人物。人の心の奥に息づく原初的な孤独・さみしさに対してね、「おお、かわいそうだ」と鋭敏に察知して反応する。常に大衆というものに自分を開いている。つまりね、人がはかない浮き世を懸命に生き抜いている姿への愛がある人物なんだ。懸命にぶざまに、でもほんとうは孤独にね。

太宰治にもそういうところがあった。『新ハムレット』という小説で表現されているように、人という生き物がこの世を生きているという事実そのものに対して、「おお、かわいそう」と反応する、そういう感覚なんだ。

晶子：助六の落語は温かいよね。体のノリであっという間に観衆のハートをわしづかみにしてしまうような。人の孤独の一番深いところに、つべこべ言わずにすっと入り込んでしまうような。気持ちをくつろがせ、笑いを引き起こす。

八潮：菊比古が、人の持つ孤独を実存的に自覚させる落語であるのに対して、助六は、自覚させるというより、温かく包み込む。孤独の琴線には触れるんだが、すっと表層の芸で明るく掬い取って笑わせる。観衆と、そういう血の通った交流ができる男なんだよね。

晶子：こういう対照的な二人が同じ師匠のもとで芸を競い合う間柄であり、そこに同性愛的な愛憎が発生する。それがこのドラマの大きな軸になっている。

八潮：菊比古は、助六に強い反発と憧れを抱いている。つまり、人の心の琴線にやすやすと触れられる助六に惹かれている。自分が助六みたいになれたらどんなにいいか、と思っているんだが、一方で、助六を見たくない、とも思うんだ。アンビバレントな愛憎の念だ。

助六もまた、純粋で世の汚れに染まりたくないと願う菊比古への尊敬と憧れを抱いている。菊比古のデリケートな優しさ、本当は人に心を開きたいができないというさびしさをきちんと感じ取っている。

晶子：菊比古はあくまで芸術家的、純文学的というか、客ではなく己れを見つめることによって逆説的に客と通じ合おうという回路を選ぶ。身体性は硬くて理知的。落語によって人間が互いに親しんで安らいで笑い合う、という世界からは距離を置きたがる。自意識が強くて、大衆と下世話に盛り上がることができない。
　助六は本能的で野性的。体が自然に動くタイプ。客の空気を敏感に読んで共感の渦を巻き起こす。孤独の痛みを感じているけれども、だからこそ孤独を好まない。
　菊比古が静で助六が動、菊比古が非日常的で助六が日常的、そんな対比が鮮やかに描かれている。

八潮：この二人の関係は、対照的でライバル心も抱きつつ、それでも安定はしていたんだ。そこへね、みよ吉という女性が登場する。

晶子：彼女の登場は、実に不穏なオーラを放っているのよね（笑）。ドラマでは大政絢が演じていたけれども。

八潮：怖いんだよ（笑）。これは悲劇になるぞなるぞ、と思

わせられる（笑）。彼女は、戦争の不条理の中で両親を亡くし、天涯孤独で満州に渡り、運命に翻弄された過去を持つ。終戦後、日本に帰り、菊比古の師匠である七代目八雲の妾になり、芸者として生活する。このみよ吉と菊比古が出逢ってしまうわけなんだが、みよ吉は菊比古に出逢って、全身全霊で彼を慕う。

晶子：男性である菊比古に、友情で結ばれた助六の他に、女が出来てなにが悪い、と思うけれども、これがそうはいかない（笑）。立派な三角関係の緊迫感が発生してしまう。
　菊比古が、助六を選ぶのか、みよ吉を選ぶのか、という選択をする羽目になる。なぜそうなるかというと、みよ吉の愛を受け入れるということは、菊比古とみよ吉の二人だけの世界で閉じてしまうことを選ぶことであり、菊比古が追い求めたいと思っている芸術至上主義的な落語の世界を捨てることになってしまうから。この芸術の追求は、実は自分と対照的な助六というライバルが存在することで初めて自分の芸が確立するという意味において、菊比古と助六が立派なかたわれ同士だからこそ成り立っている。そこへみよ吉が現われて、菊比古を自分の世界の中へ取り込んでしまおうとすると、菊比古は呼吸ができなくなってしまう。だから、この三角関係において、菊比古はみよ吉を捨て、助六を選ぶ羽目になる。
　その選択がさらにねじれねじれて悲劇の連鎖を生んでしまう。みよ吉の怨念がドラマを執念深く牽引してゆくのよ

ね。

八潮：なぜそうなってしまうのかというところに、男性性とは何か、女性性とは何か、という問いが浮上するわけだよ。

　男性の中にも、男性性と女性性が存在する。女性の中にも、男性性と女性性が存在する。そこでいう女性性とは何か、というとだね、闇そのものだ、と定義することができると思う。一切の知や観念を超えて存在する原初の闇そのものだと。

　存在の究極の実相とは、科学をはじめとする一切の観念的な知のヴェールを剥ぎ取ったところに立ち顕（あら）われる、原初の自然そのものであって、それは、生命と虚無の両義性を備えて流動する大いなる闇のコスモス、不可知なる渾沌（こんとん）の世界だと言っていい。そこに根を下ろして生きることは、「本能的に生きる」ということだ。女性性が象徴するものは、まさしく、その原初の闇にしっかりと生存感覚の根を下ろして、本能的に生きる姿なんだ。

　男性の根っこにも女性性は眠っているが、女性の場合、より強く原初的な闇の感覚が生きて、本能的にその生を動かしているように思う。

　そういう女性が生きている実存というものは、過去にも未来にもない。今を絶対感をもって生きることができる、というより、生きることしかできない存在だと言える。

　その「今」は、線分化された時計的な時間の中に配列さ

れた今ではない。流動するコスモスとしての、不可知なる
渾沌＝闇と一体化した「今」なんだ。時計やカレンダーで
測られるような、抽象化された、均質で観念的な時間意識
に汚染されていない、あるがままの自然と一体化した、な
まの時間感覚であり、生存感覚だと言っていい。女性性の
根っこには、そういう「今」を生きているという生存感覚
が秘められている。

晶子：池波正太郎の『鬼平犯科帳』で鬼平さんが言うよね、
「女には昔もなけりゃあ、行く末もねえ、今の我が身がある
だけだ」みたいなことね。

八潮：正しい認識だと思うよ。女性の実存の究極には刹那
がある。今という絶対感があり、存在そのものと一体になっ
ている。それが女性性の本源だ。もちろん、男性的な女性
もいれば、女性的な男性もいるわけだが。
　鬼平的に言うならね、女は今惚れている男次第であって、
そこに昔の男は存在しない。あるいは、男次第でころっと
別の女のようになる。その刹那性というものが、女性性の
特徴であってね。どんなに観念的に生きてるように見えて
も、根源的な生は、即自的に、存在そのものを動かしてい
る自然と一体になっている。非常に強い本能の力で大地に
繋ぎ止められているわけだよ。

晶子：対して男性性とはというと、観念性の強さであると。

男性は、ともすれば、自分の中に女性性があっても、それを封印して生きようとする。

八潮：だから、女性は水・海・大地・月・闇、そういうものに喩えられる。古代から神話の世界でもね。それに対して男性は、火・日輪つまり太陽に喩えられる。こういうシンボリズムは、古代以来の神話の叡智だよ。

　人が生きるということはね、水の中から火を紡ぎ出すことだと僕は思う。そのためには、男性性が必要なんだ。たとえ女性であっても、生きて行くためには、本能の中から火を紡ぎ出さなければならない。火とは、生き抜こうとする本能・衝動のことだが、人間の場合、火を立ち上げることは、観念の行使と切っても切れない関係にある。つまり人間は生きるために観念の力によって認識し、生活を設計し、切り拓いていかなければならない。この観念の力というのが、男性性そのものなんだ。

　男性とは観念的な生き物であり、大地や闇の根源から絶ち切られた呪われた存在なんだが、人間には、生きるためにこの観念の力が必要になる。そこが動物と異なるところだ。動物は観念や知識を使わなくていい。本能によって世界を感覚的に認知し、どう振る舞うべきか選択・察知して行動できる。つまり、本能と一体になって世界をイメージとしてつかまえ、そのイメージに基づいて、生きるための火を自然に立ち上げることができる。

　しかし、人間は観念を持っている。その段階で、世界を

抽象化し、記号化することになり、それをもとにして思考するわけだ。この観念を持ったとたんに、自分と自然とが断ち切られてしまうんだよ。主体と客体とが分離してしまう。自然そのものを、自分にとって制作・思考の対象とし、仮説を立て、実験・検証し、論理的に整序し、計画を立て、達成目標を作り、計量し、支配し、所有する。人間同士の関係を、社会という器の中で制度的に統御する。制度・しきたり・掟、そういう男性原理が支配する社会というものを作り上げる。自然の中に、主体と客体が一体となって包まれている段階から離れようとする。

晶子：そこが、鬼平さんが言うところの女性らしさの対極にある男性性であるということに。

八潮：主体と客体が一体となった、流動するコスモスとしてのあるがままの自然、不可知なる渾沌としての自然に対して、敢えて、主・客を分離した上で大幅な限定を加え、知的な認識の対象として処理可能な「第二の自然」を創り上げる、ということだ。これは、ある意味では、自然を敵に回し、人間を傲慢な生き物にする、危うい営みだ。

　哲学者のニーチェは、人間が観念の力を活かして、己れにとって価値的により高い段階を目指して、自らの生命力を強化し、拡大しようとする衝動を、「力への意志」と呼んだ。

　観念の力によって客体としての自然を認識し、自分の支

配下に置こうとする。自分の生き方すらも、自分の描いた観念の設計図に従って、思い通りにしようとする。社会というものを通して人間や世界を統御しようとする。そのなれの果てが、科学の力をベースにして人間の暮らしや社会の営みをコントロールしている近代文明の姿だよ。

　そのような観念過剰の文明では、原初的な闇とつながる、人の自然な本能は衰弱させられてしまう。それは、人間を観念的でうつろな生き物にし、ひいては、人に生きる意味と価値とを与えている生命力の源泉を枯渇させることになる。

　ニーチェは、その近代文明の致命的な不自然さ・人間疎外のあり方に反逆しようとした。そのために、男性原理である観念性を武器に、人間を呪縛しているさまざまな既成観念、例えば、科学のベースとなる没価値的で因果律的な世界観や、諸々の宗教的教義の内に潜む、不条理性に蒼ざめた死の思想などの既成のイデオロギーを解体することで、逆説的に本能的な生命力を解放しようとした。観念による「力への意志」を、本能を蘇生させるための武器として逆説的に使おうとしたわけだ。しかし、ニーチェの擁護する本能とは、女性的な水のイメージではなく、あくまでも火・日輪のイメージなんだ。つまり、本能の表現の優位性を男性原理に認めている。僕は、それはバランスを欠いた本能の捉え方だと考えているがね。

　にもかかわらずだ、人間は、男性性なくしては生きられない存在なんだ。

晶子：男性性の困りもののところとして、その観念性ゆえのフェティシズムの強さというのもあるね。観念的に対象を認識し、その認識の袋の中に対象の全体像を無理矢理収めようとする、その対象への所有・支配・我執（がしゅう）が強まる。モノマニアックな偏執の病になりかねない。傲慢な自然への征服欲・統御欲という形をとると、とてもやっかいな。

八潮：本来、渾沌の中から秩序を生み出す力というのは、人が生き抜く上で必要不可欠なものなんだが、この観念の暴走というものは恐ろしいんだ。

　男女を問わず、ある観念への偏執が昂（こう）じて、凝り固まってしまうと、己れの内なる女性的なエロスのエネルギーが、その観念に向かって大量に注ぎ込まれ、拘束されてしまう。己れの偏執する観念の奴隷になってしまうんだ。それはしばしば、人を狂気に陥れ、暴走させる要因となる。

　繰り返すけれども、生きるということは、水の中から火を紡ぎ出すことだ。つまり、人が、自分の中に存在する女性性＝水というもの、自然と一体になる能力、本能という四次元的な働きの中に自分の舟を委（ゆだ）ねて生きる能力というものの中から、敢えて、秩序を生み出す火の力、日輪の力という男性的な観念性を引き出して生きるということなんだ。

　この女性性と男性性、水と火の間に、われわれ人間は、適切なバランスをとることができなければならない。己れ自身の身体も含む自然の内に息づく、不可知なる渾沌として

の水の相、女性的な本能というものと、自然を客体として対象化し、認知することで、己れの生存空間を観念の力を活かして切り拓こうとする人間的な火の相、男性的な本能の間に、バランスをとること。それは、知や文明の力をはるかに超えた大いなる自然の相、水の相への畏怖の心を大切にしながら、重力に抗って、太陽に向かって立つということだ。

　このバランスを絶妙にとりながら、人間は環境に適応し、人間社会の中で自分の居場所を持ち、えにしある者たちと助け合って、能う限り自分や他人を損なわずに、無理なく分業しながら己れ自身の生の充実を図り、自然の摂理を活かしつつ共生して生きるべきであって、それがわれわれの文明の本来のあり方だと思うんだ。

晶子：そこで話をみよ吉に戻すと。彼女はまさに女の中の女。本能的で情が深くて、男を愛したらズブズブにのめり込んでしまう。男との生活を二人だけで閉じたものにして、そこに人生の意味の全てを投入しようとする。

八潮：女が男にほんとうに惚れ込んだら、必ず閉じようとするね。他のものは何も要らない、二人だけの世界があればそれでいい、と。そこに強烈なエロスが生まれてくる。

晶子：私もかつて、「ただ一弦君に弾かれて八百弦切って棄てまし伊邪那美の琴」なんて短歌を作ったことがありまし

たが（笑）。みよ吉的な女性性の、芸術表現における解放の一環（笑）。

　相手と閉じてしまえたなら、その密室的なエロスの空間においては、世間も他人も社会制度もなにもかも消えてしまっている。観念的なものを全て消し去ってしまう、その官能性というものに、男は心のふるさとのようなイメージをおぼえ、くらくらっとなる。菊比古もそうだったわけだけれど。

八潮：それはね、菊比古の中にも女性性が存在するからだが、それを男というものはともすれば封印しようとするんだよ。封印しないと、自分の観念的な男性原理を立ち上げて生きる上でもろくなる、と認識するからね。だから、女性性を不完全にしか生かせないまま生きている男が多いわけだ。そこへ、目の前の女性の姿をとって、エロス的に閉じた世界から誘いをかけられるとね、たいていの男はくらくらっと魅入られてしまう（笑）。

晶子：特に、現世における三次元的なたたかいに疲れ切っていたりなんかすると、タナトス（死の本能）に魅入られたかのように、くらくらっと（笑）。かつて『失楽園』現象、というものが発生した時代があったね。渡辺淳一の小説『失楽園』が1997年に講談社から出て、映画化、ドラマ化もされ、社会現象になった。あれはまさに、そういうエロスに巻き込まれた男が、タナトスを暴走させてしまい、

破滅へ、心中へとひた走るお話でしたが。そこには死をふるさとのように感じてしまう、人間の切ない子宮回帰願望が透けて見える。

八潮：そう、男を三次元に繋ぎ止めていたものが壊れてしまうところまで行くとだね、失楽園現象の世界になるわけだが、もし、男がそれを拒む意志を持つなら、それはどうやって拒むかというと、菊比古がそうだったように、水ではなく、太陽、日輪の方へ向かうべく、己れの火を立ち上げなければならなくなるんだ。菊比古にとっては、それが落語という芸の世界だった。みよ吉の女性性に呑み込まれてしまうと、彼の男としての自我が死んでしまう。生きられなくなる。己れの魂の居場所をこの現世に見つけるためには、落語によって孤独な自我空間を作り出さねばならない。そう考えたわけだ。それを菊比古に可能にさせたのは、彼には助六というかたわれがいて、助六に惹き付けられ、反発しながら己れの芸を屹立（きつりつ）させてきた日々があったからだ。その芸の世界、自我空間というものを、みよ吉に溺れることでなし崩し的に壊滅させられることに、菊比古は耐えられなかったんだよ。

晶子：菊比古には、みよ吉に溺れるとどうなるのか、見えていたことになるね。師匠の七代目八雲からみよ吉との間を裂かれたということもあるけれども、本質的には、菊比古が自らみよ吉を捨てる決断をしている。みよ吉と閉じた

世界、母の胎内のような世界に回収されることの恐ろしさを感じていたことになる。

八潮：助六という男が、日常の匂いのする温かい男だっただけに、みよ吉と閉じる世界が、母の胎内のようでありながら、実は死の匂いのするふるさとだということ、その感触を菊比古はまざまざと感じてもいたんだろうね。助六との温かい日常の物語、生活空間というもの、これを菊比古はなくしたくなかった。菊比古がどんなに落語の砦というものを芸術家的に立ち上げたとしてもだね、助六との間の日常生活・家族的な生活というものがなかったら、死んだも同然なんだ。極北の風景なんだ。それには耐えられないと思ったんだね。菊比古にとって、落語という砦を作りたいのと、助六との温かい命の匂いのする世界の中に居場所を持ちたいというのと、どちらも同じくらい大事なことだったんだ。

晶子：ところが、みよ吉にとっては、菊比古は自分の全てであり、生きる目的を与えてくれる火でもあった。菊比古に献身することで、生きる力が湧いてくるわけで、菊比古のいない世界には何の意味もない。運命に、男に、もてあそばれながら懸命に生き延びてきた彼女にとって、菊比古の汚れの無さ、孤独で繊細な芸術家気質、世間や他者に心を閉ざした姿というのは、「こんな人がこの世にいるなんて」という絶対感を与えるものだっただろうね。「見つけ

た」という、かたわれ感覚。自分と同じ孤独を持つ男。そう思ってしまったら、もう菊比古と閉じることしか考えられなくなってしまう。

八潮：菊比古にもむろん、みよ吉と過ごすことの心地よさはある。自分の還りたい水のコスモスというものを、完璧なまでに体現している女性。闇のふるさと。そこで安らぐ心地よさには絶対感もあったろう。でも、彼は、みよ吉を捨ててしまう。生き延びるためにだ。

　みよ吉の存在のイメージというのは、男の自我を支配・回収してしまう、母なる存在、まあ、ユング心理学的に言うなら「グレートマザー」ということになるだろう。ここに呑み込まれたら男は自立できない。だから、このグレートマザーとの対決は、息子が母親から自立する場合にも起こることなんだよ。男が自立しようと思ったら、なんとしてもこのグレートマザーの胎内から出なければならない。

晶子：みよ吉は、捨てられた傷心を慰めてくれた助六と後に一緒になって、小夏という女の子を産む。でも、その三人の日常は不安定なもので、みよ吉の心はそこには無いのよね。相変わらず、菊比古のことだけを想い続けている。甲斐性の無い助六に代わって、芸者として身を売りながら稼いだお金で生活を支えるようなことをしながらも、心はそこには無い。そういう生活を片田舎で続けているところへ、なんとしても助六という存在を取り戻したい菊比古がやっ

て来る。

八潮：みよ吉が稼ぎに出ていて不在の場所へ、つまり、助六と小夏のところへ菊比古がやって来て、一緒にまた東京へ戻って暮らそうと説得する。そこで、菊比古・助六・小夏の三人が、しばし家族のように過ごす時間が描かれているんだが、和気藹々と温かな空気が通い、落語を楽しみ、互いを思いやる、この三人のしばしの日常にだね、みよ吉が戻ってくるシーンがある。ここに戦慄をおぼえるんだ。

晶子：そう、「あ〜、駄目だ、壊れる〜」ってね（笑）。「出た、みよ吉〜」みたいな。

八潮：テレビ版のドラマの中で最も印象深かったシーンなんだ。ああ、これでこの温かな日常はあっという間に崩壊してゆくんだな、って、鳥肌のたつような想いにさせられたよね。実際、あっという間に崩壊していったんだが。その失墜感たるや、凄まじいものがあったね。
　そこにね、この三角関係が象徴する地獄とは何なのか、ということが、実に見事に凝縮されて描かれていたと思うんだ。

晶子：ようやく再会できた菊比古に向かって、みよ吉が「やっと来てくれたのね」と言う。もう、他に何も目に入っていない。助六のことも小夏のことも。菊比古と閉じられ

さえすればどうでもいい。菊比古もくらくらっとなってしまうんだけど、でも、助六や小夏が愛おしいので、四人で一緒に暮らそう、と申し出るのよね。みよ吉はそれを受け容れようとしない。菊比古と心中しようとする。止めようとした助六をあやまって傷つける。父親を殺されたと思った小夏が母を窓から突き落とす。助けようとする助六が共に転落する。小学生だった小夏は、その記憶を心から消してしまう。

　ほんとにあっという間の展開に、身の毛のよだつ思いでした。

八潮：ここの真相の描かれ方は、原作とテレビ版とでは少し異なるんだが、いずれにせよ、みよ吉の独占欲が、全てを壊し、自らと助六を死に追いやり、菊比古と小夏に深いトラウマを負わせたことに変わりはない。

　ここにはね、人の魂を所有しようとすることの罪深さ、恐ろしさというものが、まざまざと示されている。
「かたわれ探し」というと、自分の本当の姿に出逢うための探求のように、良いことのように受け取られやすい。もちろん、人にとって必要なことではあるんだが、この感覚が強い人間同士の愛というものは、非常に恐ろしい深淵と背中合わせなんだということを、考えないといけない。

　かたわれというものへの渇きの強さはね、その相手を所有しようとする誘惑を引き起こす。かたわれへの愛は、いとも簡単に相手への我執・独占欲に転化してしまうという

危険をはらんでいる。

　人間は孤独な生き物であり、生まれながらにして生命的な欠落感を持っているからね。つまり、人間は生まれた時に、単体として不完全だということだ。常にペアの相手を求め、その相手がいないと自分は生命として完全にはなれない、と感じる。

　特に現代人は、荒涼とした孤独地獄の中に置かれていて、世界から生命的に切り離された存在として、断片的な生を強いられている、だからそこには我執が生じ、「失楽園現象」のようなものも発生する。

　この我執への転化というものを、どうやって超えてゆくのかという課題が、われわれにいつも突きつけられているんだよ。

晶子：この物語では、菊比古という男性が、助六という男性とみよ吉という女性に引き裂かれるという三角関係なので、そういう意味で特殊に見えるかもしれないけれども、助六を女性に置き換えてみると、実は、ありふれた三角関係になる。母親が息子と嫁との関係を認めようとせず、息子を自分の身体の延長のように囲い込もうとするような場合もあれば、一人の男性が二人の女性、妻と愛人、みたいな二極に引き裂かれる場合もある。もちろん三角関係には、女性一人と二人の男性の関係のように、その逆のパターンもあるわけだけど。どんなパターンであれ、三角関係を超えるには、男性とはどういう生き物で、女性とはどういう生

き物なのか、それぞれを真に生かすということはどういう
ことなのか、を真剣に考えざるを得ない。

八潮：夏目漱石以来、三角関係が近代文学の中心テーマに
なってきたのも、だてではないんだが、この引き裂かれた
関係がだね、どちらかが身を引くとか、どちらかを択んで
しまうとか、そういう結果にならない場合、みよ吉の望ん
だ「閉じる」という形態をとらずに愛を成就するしかない
わけだよ。
　稀有な作品として、デビッド・リーン監督によって映画
化されたことでも有名な、20世紀ロシアの作家パステル
ナークの小説『ドクトル・ジバゴ』がある。作者のボリス・
パステルナーク自身、妻と恋人がいて、二人の女性に寄り
添われて生涯を終えた人なんだが、原作においても、主人
公のジバゴは、妻のトーニャと恋人のラーラという二人の
女性をともに愛する。そこでは、二人の女性が、それぞれ、
ジバゴとの対（ペア）において閉じられないことを受け容
れ、独占欲を放棄し、もう一人の女性への思いやり、ジバ
ゴへの思いやりによって結ばれた、悲劇的な物語ではある
けれども、稀有な愛の形が描かれているんだよ。

晶子：つまり、我執を超えよ、というとき、尼になれ、み
たいなことを求めるのではなく（笑）、男という存在が、女
と閉じてしまったら死んでしまう生き物なんだ、というこ
とを、女が心底了解できるかどうか、というところが生命

線だよね。自分とだけ閉じて欲しいと望んでみても、男というのは、それをされたら死んでしまう生き物なんだ、と。

八潮：そうだね。ただし、全ての男がそうだというわけではない。一人の女性を深く愛し、とことん寄り添おうとする男性もいる。中には、崇拝する女性のために、滅私的に身を捧げようとする男性すらいる。夫婦や恋人の場合、ペアの間だけで完全に己れのかたわれ感覚が満たされ、三角関係的な緊張が発生せずに済むのなら、それはそれで幸せなことだ。そういうペアも、世の中には多々いることだろう。

　だが、そうはいかないというケースも、実に多いんだ。ペアの間だけではかたわれ感覚が満たされず、第三者の女性の恋人が出現するという形で表現された場合、女が男と閉じようとすることは、男にとって、魂の自殺行為を強いられることになる。それは、三角関係の緊張によって、女が男の愛をひとり占めしたいという我執の心をつのらせることで、「閉じる」という行為が、女の男に対するナルシシズム的な同化感情の強制に転じてしまうからだ。そんな魂への強制をこうむったなら、男がいかに女を愛していたとしても、たまったものではない。場合によったら死に至らしめられるほどの、地獄の苦しみを味わわされることになる。だから、肝腎なのは、「閉じる」かどうかということではなく、「閉じる」ことが他者へのナルシシズム的な同化感情の強制になるかどうか、ということなんだ。「閉じる」という

言葉を、そういう強制をこうむることだと解釈するのなら、貴女が今述べた認識は正しいと思うよ。そのような「閉じ方」を強制されたなら、たしかに、男の魂は圧殺されてしまうからね。

晶子：あくまでも、男がふたりの女性を真剣に愛していたとしての話なんだけど。どちらかの女性が、男の愛をひとり占めしようとして、「閉じる」という形で同化感情の強制を及ぼした場合、男がどれほどの地獄の苦しみを味わうことになるか、男の魂が死の淵まで追い詰められてしまうほどの破壊的な打撃をこうむることになるか。女が、その事実を心底了解できるかどうか、というところがカギだよね。その事実を深く受け容れることができたなら、女は、男を生かそうとする。男のもう一つのかたわれとの絆を受け容れる。場合によったら、積極的にその絆を大切にすることだってできる。そういう愛の形というものに、もし脱皮できるなら、この不毛は超えてゆける、と。

八潮：そういうことなんだ。それがね、みよ吉にはできなかった。あまりにも女性性の塊《かたまり》すぎてね、菊比古と閉じて、二人で死ねたら本望、みたいに感じている、それはもうタナトスの塊になってしまうことであってね。男を滅ぼし、自分のことも滅ぼす、そういうエネルギーの塊だったわけだよ。それは悲しいね。とことんナルシシストでありエゴイストであり、女の中の女だったということだよ。

晶子：我執を超えた関係へと脱皮できたとしても、それぞれの対（ペア）で完全体で閉じられないことによる、女性の側からの切なさはつきまとうけれども、互いを生かすことへと舵を切れたなら、そこには別の世界風景が拡がっているはずであってね。

八潮：そう思うよ。でもその場合、切ないのは、男も同じだよ。閉じようが閉じなかろうが、どう転んでみたって、人は究極的には孤独な生き物だし、さみしさは消えない。生きることは、切ないんだ。どんなに幸せな、仲の良い夫婦であってもね。

晶子：そうだよね。

八潮：この物語は、人間が、孤独地獄というものからどうやって逃れるのか、死の恐怖からどうやって逃れるのか、そこで求めてしまう「かたわれ」との関係を、どうすれば生きるための物語として紡ぎ出すことができるのか、そういう愛の問題、現代人が避けて通れない愛の問題を象徴しているんだ。

晶子：菊比古と小夏が生き残り、菊比古は自らの内に大きな欠落を抱えたまま、八代目八雲を継いで名人芸を追求してゆくのだけれども、喪失した助六の影が、いつまでも菊比古を追いかけてくる。消そうとしても、自分の半身、かた

われとして、無意識の暗がりから浮かび上がってくる。この感覚を、「ゆず」の「マボロシ」は上手く楽曲にしていたけれどもね。

八潮：その菊比古を生かしたものは何かというと、小夏の存在だ。彼女を育て上げることによって、菊比古は現実の日常生活というものにかろうじて根を下ろすことができた。さらに、後に、助六によく似た存在感の、ムショ上がりの与太郎という青年を弟子にする。この与太郎が、菊比古の心を温められる存在になってゆく。

　ともすれば人間を避け、人との交わりを避けようとする菊比古を、生身の接触に根ざした生活というものに定着させる役割を、小夏と与太郎が担ってゆく。そこは、温かい作りになっていたね。

晶子：小夏と与太郎の代へと、「かたわれ探し」の旅は続いてゆくのだけれども、原作では、そこで与太郎の存在が大きく浮上し、彼が、江戸下町の共同体世界の伝統が育んできた温かみというものへ、物語を回収してゆく役割を担っている。

　対して、テレビ版では、菊比古・助六・みよ吉の三角関係をあくまで中心に据えて、ドラマ作りをしている。現在の私たちには、江戸下町的な共同体社会の受け皿というものがなくなってしまって、人が孤独地獄を生きているわけで、そういう意味でテレビ版の作りというのは、現代人の

険しさにフィットする、優れた設定になっていたよね。

八潮：うん、近代文学的な、個のモチーフが追求されていて、実に鮮やかだったよ。
　現代のわれわれが立っている場所というのはね、前近代的な共同体という受け皿が無い。ここでいかに世界と自分自身との間に、生命的な意味の回路を作り上げるか、テレビ版では、それが問われている。そういう現代という追い詰められた時代における三角関係を扱うことで、非常に真剣な問いの突き詰め方をしていたことになる。

晶子：こういういや応のない突き詰め方をした作品として、他に思い浮かぶものとしては、山岸 涼子のコミックス『日出 処の天子』（『LaLa』白泉社；1980年から1984年にかけて連載）がある。これに少し言及しておきたいね。

八潮：この作品について語りたいと、実は僕、三十年以上も想い続けていたんだよ（笑）。
　萩尾望都と並んで、少女漫画を高度な文学表現として開花させた山岸涼子の代表作だ。この二人の漫画家は、その資質・表現が実に対照的でね。ここまでのトークの流れで言うなら、萩尾望都はナルシシズム的な女性原理の体現者、山岸涼子は、それを相対化する男性原理の重要性をしばしば批評家的なまなざしで表現してきた作家だ。
　『日出処の天子』は、厩戸 王子つまり聖徳太子を主人公

として、現代人の病理を、古代史を舞台とするメタファーの形を活かして濃密に描き上げた名作でね。この作品では、厩戸王子は、異能の持ち主として描かれている。普通の人間が見ることのできない異世界を見たり、超能力的なものを駆使して現実を思うがままに操ったりね、そういう能力が、歴史を動かしていたんだ、という大胆なフィクションとして描かれている。

　で、この異形（いぎょう）の能力というものによって、人から忌避（きひ）されることをよくわきまえている王子は、その能力を慎重に隠しているんだが、ひとり、蘇我毛人（そがのえみし）にだけは隠すことができない。毛人も、王子の能力を怖れながらも、他の人々のようには王子を忌避することがない。毛人には、王子のような異能はないが、王子の繊細な孤独に寄り添う、温かな共感能力というものがある。そこに、二人だけの秘められた心の通い合いが生じる。特に、王子にとって、毛人はなくてはならない存在となってしまう。

晶子：その、王子の毛人への愛というものが、みよ吉の菊比古への愛のようになってしまうところが、この作品の恐ろしいところで。

八潮：そう、物語の最終部でね、この二人が決別するシーンには凄まじい緊迫感がみなぎっている。王子は、毛人さえいれば、どのような大きな力でも振るうことができるといって、毛人の愛を得ようとするんだが、毛人はそれを拒

むんだ。

　みよ吉ならね、ここで菊比古を自分のカオスの中へ取り込もうとするだけで満足するんだが、厩戸王子は一応男だから、毛人を自分の女性性のカオスの中へ取り込むだけでは満足せず、そのことで自我空間を増強し、権力意志としての万能感を手に入れようとする。

　まあ、女性にもあり得るパターンなんだが。男性を己れのカオスの中に取り込んで、愛をエネルギーに転換して凄まじいパワーを発揮するというタイプね。

　王子もそうやって、権力を駆使し、歴史を動かそうとするが、毛人にそれを拒まれてしまう。毛人は、そんな力というのは、人間が持ってはいけない力なのではないかと言うんだ。ならば、そんな力など要らぬ、毛人の愛だけでいい、と王子は懇願するんだが、毛人には女性の恋人がいて、王子との同性愛の世界に閉じる気はないわけだ。

晶子：毛人に拒まれた王子は、孤独に異能を駆使しながら、自己破壊的な権力意志の権化として、修羅の道を突き進むようになってしまう。

八潮：つまり王子はね、自分自身の女性性の強さというものをほんとうは嫌っている。だが、それを封印し切れないで、もてあましている。その女性性のカオスへ、毛人という、繊細で孤独を抱えながらも温かく日常的な命の匂いのする男を取り込むことで、女性性というものを解放し、意

味づけたいと渇望しているわけなんだ。

晶子：男でありながらみよ吉化してしまったタイプ。

八潮：萩尾望都なら、この二人を一体化させようとするか
もしれない。ただし、あくまでも現世からは弾き出された、
異形の者たちによる異次元空間の物語としてなんだが。そ
のことで世界がコスミックに蘇ることができるという感覚
を象徴的・幻想的に演出することは可能だ。女性性のもつ
ナルシシズムを世界の蘇生の礎にするかのような物語の作
り方をするということだ。
　例えば、萩尾さんの傑作の一つに、『マージナル』という
SFコミックスがあるんだが、そこでは、両性具有的な少年
の主人公のナルシシズムの力、いのちを夢見る力が、深海
のカオスの中から生命を紡ぎ出す、地球の潜在能力を目覚
めさせる。この少年は妊娠している。そして、地球もまた、
女性性のカオスの象徴として描かれているわけだ。少年の
子宮と地球の子宮がシンクロすることで、男性だけで出来
上がった、不毛な未来の病んだ地球を再生させるという物
語だ。
　といっても、萩尾望都という作家のナルシシズムの捉え
方には、それが現実においては、他者への同化願望の狂気
という形をとった、凄惨な病理としてしか表現され得ない
というビターな認識があってね。彼女は、そういう病理を、
例えば『残酷な神が支配する』というコミックスで、エド

ガー・アラン・ポー風のサド・マゾ的な狂気、「共依存」の病理として描いてみせている。

　ナルシシズムによる世界の救済という物語的設定は、あくまでも、芸術という幻想＝虚構の上でのみ可能なものだという、醒めたまなざしが根底にある。彼女は実にハラのすわったダンディスト、芸術至上主義者なのであって、確信犯的にナルシシズムを解放しているわけなんだがね。

　山岸凉子は、対照的に、作品世界においても二人を別れさせる。その決別のシーンは哀切だよ。山岸さんにも、厩戸王子の孤独・苦悩は痛いほどわかっている、そのことが伝わってくるよ。それでもだ、二人を別れさせる。そこにね、女性性の何を病理として押さえるべきかについての、この作家の冷徹な認識が凝縮されている。

晶子：みよ吉化してはいけないという。そこで超えなければならないものがあるのではないか、と。

八潮：王子と毛人はかたわれ同士なんだが、毛人の方は、自分と異質な王子の他者性というものがよくわかっている。ところが王子の方は、毛人の他者性というものを認識の外へ追いやろうとする。排除しようとする。自分と一体化してくれる毛人だけを欲しがる。これ、女性性の最も危険な部分だよね。

晶子：先ほどから語ってきたように、女性からナルシシズ

ム的な同化感情という形で強制をこうむったなら、男性は自分の自我が死んでしまうわけで、その男性としての他者性というものを、女性は深く認識して受け容れるしかない。そういう形で男性を自由にすることが出来たなら、男性にもまた、その女性の認識に対する敬意というものが発生する。まともな男ならね(笑)。「よくぞ俺を生かしてくれた」みたいなね。男を手放せば手放すほどに、男の愛は、手放してくれる女性に対して深くなるんだけどね。そこまで見据えて我執を超えるのは至難の業ですね（笑）。

八潮：そこで超えてゆけるものがあり、三角関係というものが全く新しい位相へと転じる契機となるはずなんだが、厩戸王子には、それができなかった。その悲劇のカタルシスによって、『日出処の天子』は完結するんだよ。怖い物語なんだ。

晶子：恋で終わらない、愛としての成熟を聡明に望むなら、男女の関係というものは、同一性に盛り上がるだけではなく、相手の他者性というものを、常に自ら楔のように打ち込みながら、育ててゆく必要がある、というかね。

八潮：その通りなんだが、ここで一つ注意すべき事がある。それは、異性愛にせよ同性愛にせよ、恋愛感情は、恋人同士の魂のあり方において、同質だ、あるいは似ていると感じられる部分と、自分とは異質だ、自分には欠落している

と感じられる部分、その両方の存在によって発生する、ということだ。つまり、恋愛感情には、ハナっから、ペアの相手の〈他者性〉というものが部分的には繰り込まれている、ということだ。相手と自分との間に同一性があるだけではなく、自分には無い他者性があるからこそ、人は、その相手に引き付けられる。なぜなら、恋愛感情というものは、人が、己れの魂の〈欠落〉を埋めることで、世界＝宇宙を、己れの存在の延長としてシンボリックに感受したいという、ナルシシスティックな幻想への飢渇の顕われだからだ。その意味で、恋愛感情というものは、そもそもナルシシズム的な同化感情の衝動にほかならないということになる。

晶子：恋によって男と女が一体化したいと望む時、そもそも、心身両面にわたって、凹と凸が合体して完全体になろうとするわけだから（笑）、ペアの相手の他者性というものは、部分的には、すでに恋愛感情の内部に繰り込まれているわけだよね。自分に足りないものを相手が持っているからこそ求める。それがたとえ、自分とは真逆なものであったとしても。

八潮：そう。だが、それは恋人の真の〈他者性〉ではない。恋愛感情によって生み出された、ナルシシズム的な一体化の幻想の内部に吸収されてしまった他者性でしかない。
　僕たちがここまでのトークの中で論じてきた〈他者性〉

というのは、そういう「恋愛感情の中に繰り込まれた他者性」のことではなく、逆に、ナルシシズム的な一体化というものを断固拒絶するような他者性のことだ。すなわち、恋愛感情に水をさし、それを、遅かれ早かれ挫折へと追い込まざるを得ない他者性のことだ。

その〈他者性〉の試練によってこそ、恋は真に強靭な愛の感情へと脱皮し、成熟してゆくことが可能となる。恋人の魂をひとり占めしたいという、浅ましい我執の心から解き放たれるんだ。

晶子：そうですね。幸いにして、その〈他者性〉の試練を、久しい歳月にわたって、「かたわれ」と共にくぐり抜けてゆくことができるなら、愛し合う者同士は、互いの魂の本当の姿に、少しずつ少しずつ近づいてゆくことができる。そんな気がするね。修行の連続って感じだけど。

八潮：そう、ときどきね、恋人同士や夫婦の間で、「それがあんたと私の違うところよね」「それが君と僕の異質なところだ」というポイントが浮上してくることがあるが、そのポイントの発見を、角を立てずに違いの認識として深めながら、それゆえにこそその同一性の愛おしみ・共感として育むようなね。そしてなにより、どこが同じでどこが異質かという以前に、そもそも存在というものは、他者には視えない、孤独な暗がりを抱えている。闇の深さを抱えている。その固有性というものは、どれほどかたわれ感覚の強い

相手とでも共有できない。そのことへの畏怖の念というものが必要なんだと思う。かたわれ感覚によって結びついた関係といっても、しょせんは完璧な一体化は不可能なのであってね、自分にとって都合のよい、相手の一部分との一体化を、完璧な一体化であると誤解するという幻想によって幸福感を得ているところもあるわけだよ。そういう自己相対化と慎みの感覚が必要とされるはずなんだ。

　しかしだ、ここまでナルシシズムというものの恐ろしさを語ってきたが、同一性であるとか、ナルシシズムといったものはね、現実の恋愛関係の相手を巻き込むのでなければ、その〈愛〉のコスミックな性格は、僕たちに宇宙的なスケールを持つ濃密な解放感を与えてくれるものでもあるんだよ。現世の内に彼岸を見せてくれる、あるいは、この三次元の内に壮大な宇宙の宿りを体現してくれる。萩尾望都の優れているところはそこだし、この後論じるMISIA（ミーシャ）の歌唱にも通じるものだ。「あとがき」で述べる中島みゆきにもね。

　彼女たちの表現の、ナルシシズム的な解放感というものがなければ想い描けないような、脱近代、脱社会、脱現世的なスケールというものがある。

晶子：あらゆる現実のくびきというものを一瞬で無化してくれるような解放感というものがあるよね。

八潮：そういう表現の拓いてみせる地平というものがなく

ては、僕らの社会のある種の限界は超えられないとも思う
んだよ。

＃

ナルシシズムの解放

■ MISIA 「逢いたくていま」

八潮：女性が男性と閉じるということの中に、女性独特の
コスモスの振幅を歌い上げるという、その強みを発揮する
と、男性には決して表現できないような幻想的な愛の世界
が出現する。そういう歌い手として、MISIA（ミーシャ）
が挙げられると思う。

　2018年の末、日本レコード大賞最優秀歌唱賞受賞の際に、
彼女の「逢いたくていま」（作詞　MISIA／作曲　佐々木
潤　2009年）と「アイノカタチ feat.HIDE（GReeeeN）」
（作詞・作曲　GReeeeN　2018年）を聴いたんだが、凄
い歌手がいたんだなと、このとき初めてきちんと出逢った
んだよ。その歌唱力は、一度聴いたら忘れられない強烈な
インパクトを与えるものだよね。歌詞はいたってシンプル
で、「逢いたい」とか「大好きだよ」といった内容しかな
いわけなんだが、その歌唱によって全身を揺さぶるような、
いや応のない説得力、リアリティーの強烈さというものを、
聴き手に与えることができている。
「逢いたくていま」を引用してみよう。

逢いたくていま（作詞　MISIA）

初めて出会った日のこと　覚えてますか
過ぎ行く日の思い出を　忘れずにいて
あなたが見つめた全てを　感じていたくて
空を見上げた　今はそこで　私を見守っているの？　教えて…

今　逢いたい　あなたに
伝えたいことが　たくさんある
ねえ　逢いたい　逢いたい
気づけば面影　探して　悲しくて
どこにいるの?　抱きしめてよ
私は　ここにいるよ　ずっと

もう二度と逢えないことを　知っていたなら
繋いだ手を　いつまでも　離さずにいた
『ここにいて』と　そう素直に　泣いていたなら
今も　あなたは　変わらぬまま　私の隣りで　笑っているかな

今　逢いたい　あなたに
聞いて欲しいこと　いっぱいある
ねえ　逢いたい　逢いたい
涙があふれて　時は　いたずらに過ぎた
ねえ　逢いたい　抱きしめてよ
あなたを　想っている　ずっと

運命が変えられなくても　伝えたいことがある
『戻りたい…』　あの日　あの時に　叶うのなら　何もいらない

今　逢いたい　あなたに
知って欲しいこと　いっぱいある
ねえ　逢いたい　逢いたい

どうしようもなくて　全て夢と願った
この心は　まだ泣いてる
あなたを　想っている　ずっと

八潮：これまで取り上げてきた楽曲の中でも最もシンプル
で素直な歌詞だと言ってもいいよね。この歌詞を、MISIA
が歌うとね、圧倒的なコスモスがそこに出現し、世界を巻
き込んでゆくような磁場が発生するんだよ。

晶子：そのリアリティーの強さというのは、この歌詞の物
語というものを、役者さんが役になり切って演じるといっ
たレベルのものではなく、MISIA自身が自分の内面的な真
実を歌っています、という、絶対的な真実の感触によるもの
だろうね。そして、その真実が、聴き手に必ず伝わる、と
確信している者の強さというか。ある意味、歌っている瞬
間、彼女の世界からは生身の聴き手なんかは消えてしまっ
ている。ただただ、自分の分身としての純粋な抽象度の高
い聴き手がいて、その分身に向かってのみ歌っているとい
うか。今、世界にはその二人しか存在していません、とい
うナルシシズムが全身から放射されているよね。これは歌
手として凄まじい強みだと思う（笑）。
　ミュージシャンが、歌い手として、生放送の音楽番組で緊
張している姿というものを時々目にするけれども。生身の
聴き手を前にして、自意識というものを消したくても消し

去れないような状況の、彼らの緊張感が手に取るように見えてしまうことがある。こちらも手に汗握ってしまう。がんばれ、他者を消してがんばれ、と思わず声をかけてあげたくなることがある。

八潮：MISIAにはその必要はないね。根は繊細で、緊張もするのだろうけれども、一度聴き手を視野から消したら最後、彼女は完璧なナルシシズムの世界の完結感、愛の風景の中に包まれているね。これは、最も女性的な女性でしか成就できない風景だよ。

　そして、そこで歌われている愛はね、現実の「あなた」との恋愛という可視的な出来事を歌っているのではなくてね、MISIAの内面の真実としての、一人称の恋愛を歌っているわけだよ。現実の「あなた」がどういう人物で何を思っていたかなんて、どうでもいいんだ。彼女の心の中の「あなた」だけが問題なんだ。「かたわれ」としてのね。

　だから、心の中の「あなた」とMISIAとの自問自答であるわけなんだが、聴き手は、その心の形に感情移入して、彼女のナルシシズムの物語に酔いしれることができるんだ。

晶子：この歌詞の世界では、「あなた」を特別な固有性をもった具体的な人物として想像させる小物使い的なフレーズというものが全く無いのよね。非常に抽象度の高い存在。かつて一緒にいたけれども、今は隔絶した場所にいる、その存在に対して、ひたすら逢いたいと歌っている、それだ

けの歌詞なんだけれども、そこに、「逢いたさ」という感情のみに己れを同化してゆこうとする、異様なまでの熱量を感じるね。具体性は消すぞ、みたいな。ただ、その「逢いたさ」をさらに募らせるためであるかのように、**「あなたが見つめた全てを　感じていたくて」**とか**「伝えたいこと」「聞いて欲しいこと」「知って欲しいこと」**がたくさんあることを歌う。全てとか、たくさんとかであって、そこに「たとえばあのときのあの風景」といった小物が登場しない。その登場しなさ加減が凄い、とも言える歌詞なのよね。

　こういう歌詞を書きたいという心理には、なにか、個別具体的な世界として歌うと損なわれてしまうような、コスモスへの指向性というものがあるように思えるんだけど。歌いたいのは、決して具体的な恋愛などではないんだ、恋愛を通して感受することのできる、神話的とも言えるような満ち足りた世界なんだ、というね。歌詞は一方通行なわけだから、満ち足りているのは、愛の成就の世界ではなく、一方通行を歌い上げる彼女自身の神話とも言えるようなね。

　私自身、歌人として短歌を作る時、この「個別具体的な世界として歌いたくない」という心情に、しばしば突き動かされるので、ある種神話的なイメージを解放したい、現実的な卑小なイメージに縛られたくない、という気持ちはよくわかるんだけれども。

八潮：そこには、この「あなた」という存在さえいれば、彼

女の孤絶感が癒されるんだ、という、「あなた」への飢渇感がたしかに存在するけれども、それを神話的なまでの世界に高めているのは、彼女の想いだけで出来上がった、ナルシシズム的な歌唱の力ではあるよね。

晶子：「アイノカタチ」を聴いても思うことだけれど、仮に愛の成就を歌ったとしても、MISIAの歌唱では、その恋愛の相手の他者性というものは、完璧に消し去られているように見える。恋人との完全な一体化願望が凄いテンションで歌われ、一体化の歓びへと聴き手を巻き込んでゆく。そこには、他者は存在しないよね。

八潮：そう、だから、彼女の歌においては、現実にはあり得ない愛を歌っているということなんだ。己れ自身を愛の対象にして、自分のかたわれに向かって歌っている。そのかたわれと対話しながら、それまで自分の知らなかった自分がせり上がってくるといったプロセスを歌うことで出現する愛の世界。登場する恋人というのは、彼女にとって、己れのコスモスを司る神のような存在であり、彼女の愛は、その神の声を聞く巫女のような愛だと言ってもいいね。神がかりとなった巫女の歌を聴いているようなね。

晶子：全く生身の男性を具体的に想像させないものね。地上的な人間くさい生身性というものは消し去られて、コスミックな抽象性・普遍性だけが立ち上がっている。でも、冷

たい印象ではなく、ぬくもり、母性のようなものを感じさせる神のような存在とも言える。

八潮：現実の身近な存在としての恋人をイメージして歌っているわけではない、という手ざわりの中に、彼女の圧倒的な歌唱の秘密があると思うね。現実の恋人というものは、そばにいれば、いや応なく、他者性が日々露呈せずにはおかないからね。相手がそばに居ないからこそ歌える愛の歌を、完璧なナルシシズムで成就させているわけだ。

　聴き手は、このナルシシズムの圧倒的なエロスの吸引力に完全に引き込まれて陶酔し、その物語の主人公と同化し、呪縛される。子宮のような自己完結的なコスモスの中に包まれた状態にされてしまう。子宮の世界というのは、胎児にとっては、生命を育む原初の海のような世界だ。人は胎児期に、母親からストレスフルなメッセージを受けてトラウマを作ってしまう場合もあるから、決して無傷というわけではないんだが、もし、無傷の状態にある時の赤子の感覚というものを想定するならね、それは、宇宙、大海、未生以前の混沌に包まれている時の充足感だと言ってよいだろう。

　MISIAの表現するナルシシズムの世界というのは、この自己充足的なコスモスのイメージを想起させる。

晶子：母親のおなかの中でもすでに、多少のトラウマというものは出来てしまうし、生まれ落ちるやいなや、生命と

してのエロス的な欠損の感覚というものを担わされてしまうのが人間だけれども。

八潮：そうだね。

晶子：つまり、人は、生まれた時からどうしようもなく不完全な生き物なのであって、常に、エロス的な渇きというものを抱え込んでいる。欠損の感覚、世界や存在から自分が拒まれているという傷の感覚、これはどんなに幸せな育ちをした人でも抱えているはずのものであって、要するに、人は誰でも、そういう欠損の感覚ゆえに、永遠の「かたわれ」探しを強いられた存在だとも言えそうだね。

八潮：そうなんだよ。人生とは、その欠落を、さまざまな形で埋めていくプロセスであり、それを絶えず代償的に表現していかなければならないわけだ。人生と闘いながら、生きる努力をしながら、生まれながらの欠落と、成長過程で背負った欠落を、埋めていかなければならない。成長過程で背負う欠落、新たなトラウマというものは、フロイト的に言うなら、実は、胎児期から乳幼児期に刻印されたトラウマの繰り返しのようなものだ。大人になってからの心の傷も、それが原型的なパターンとなって、繰り返されることになる。

　人間は、人生を闘って生き抜きながら、こういう傷を絶えず修復しながら、生き続けようとしているわけだよ。

恋愛感情とは、人が、個体としての殻を超えて他者と一体化しようとする欲望だ。まさに、人としての生命の欠落、魂の欠落を埋める代償行為の一つだと言うこともできる。だから、恋愛感情を、子宮の中に包まれている時の充足感のようなナルシシズムの表現として歌う歌というのはね、傷の修復にとっては完璧なお薬だということだ。完璧に傷が修復されている、という、エロス的な解放感を与えてくれるものなんだ。

　ただしだ、現実の生身の人間に、こんな愛を注がれたら、たまったもんじゃないんだよ（笑）。相手は魂を所有されてしまう。相手の他者性は完璧にスルーされてね。

　それは紛れもない病理なんだ。この病理を超えていかないと、愛は幸福な形で成就するわけがないんだよ。

　そういう意味で、MISIAの歌う愛の姿は、現実の愛の成就を歌っているのではなく、人間を羊水の中へ還すような、幻想の愛なんだ。幻想の愛ではあるが、芸術だからこそ、そういう愛も成就できる。そのことの意義は大きい。MISIAというアーティストは、そういう意味で、空前絶後と感じさせるようなスケールの大きさを持っていると感じるね。

　先の章で触れた、漫画家の萩尾望都もそうだ。現実において、こういう愛を生身の相手に注ぐのは、病理でしかない。そういうビターな認識をきちんとハラに収めた上で、芸術表現としてのナルシシズムを解放しようとする。そのダンディズムの姿勢はね、逆説的に、同化願望というものの怖ろしさを突きつけてみせてもいるんだ。

晶子：男には絶対にできないことだしね（笑）。ナルシシズムを超え、我執を超えるというハードルは、女には高いハードルだけれども、それを逆手にとるなら、非現実的・非日常的・超越的な愛の世界を歌い上げることができる。

　その、女だからこそ歌い上げられるナルシシズムという意味では、MISIAは、「あとがき」の中で論じる中島みゆきにも通じるものがある。

八潮：そう、恋人への同化感情の激しさという意味で、中島みゆきとMISIAは似ているところがあるね。ただ、「みゆき歌」では、その「かたわれ」を求める天上的な飢渇、夢想の絶対感というものは、MISIAと違って、作品の中で常に相対化されている。そこには、恋人をめぐる三角関係が常に存在し、愛の絶対感を相対化しようとする。愛は地上への失墜感となって表現されざるを得ない。そこに、「みゆき歌」ならではの「天上と地上の分裂」というテーマが浮上する。その三角関係は、『昭和元禄落語心中』における「みよ吉的」な我執の超克というテーマをわれわれに突きつけてくる。

晶子：その重いテーマ性とは対照的に、MISIAの場合、ナルシシズムによって、社会であるとか制度であるとか、相手の他者性であるとか、そういったものは、あっという間に視界から消えてしまう。彼女の、余計な世界を消してしまうパワーというものに脱帽せざるを得ないところがある

んだけれど、もし、そのパワーを男性が駆使するなら、という意味で、是非今回取り上げてみたいと思ったのが、宮本浩次君ね。

八潮：そう。男性には、女性が表現するようなやり方でナルシシズムを駆使することはできない。ではどんな戦略が、社会や制度を視野から消すことにつながるんだろうか、宮本君の表現を通して、面白い挑戦の姿を垣間見た気がしているんだよ。

# #

しがらみの外へ

■ 宮本浩次「冬の花」「ハレルヤ」

晶子：宮本浩次君とほんとうに出逢ったのは、2018年の
NHK『紅白歌合戦』での、「獣ゆく細道」でしたね。第一
部の椎名林檎論において、この楽曲をしっかり論じてある
けれども。この『紅白』でのパフォーマンスがあまりに鮮
烈だったので、注目するようになりました。

八潮：そうなんだ。失礼ながら、エレファントカシマシと
いうバンドでの彼の表現というものにはあまり縁が無かっ
たんだ。「俺たちの明日」「今宵の月のように」「悲しみの果
て」といった、味わい深い楽曲には出逢っていたんだがね。
なんといっても、「獣ゆく細道」の衝撃が大きかった。今年
（2020年）になって、彼はソロとしての初アルバム『宮本、
独歩』を出したんだが、さっそく入手したくらい、表現者
としての宮本浩次君に心惹かれるものをおぼえたんだ。

晶子：ここでは、そのソロアルバムの中から、「冬の花」
（作詞・作曲　宮本浩次　2019年）と「ハレルヤ」（作詞・
作曲　宮本浩次　2020年）という楽曲を取り上げてみたい
のね。まず、「冬の花」の歌詞を引用してみます。

⋯⋯

冬の花（作詞　宮本浩次）

いずれ花と散る　わたしの生命（いのち）　帰らぬ時　指おり数えても
涙と笑い　過去と未来　引き裂かれしわたしは　冬の花

あなたは太陽　わたしは月　光と闇が交じり合わぬように
涙にけむるふたりの未来　美しすぎる過去は蜃気楼

旅みたいだね　生きるってどんな時でも
木枯らしの中　ぬくもり求め　彷徨う

泣かないで　わたしの恋心　涙は“お前”にはにあわない
ゆけ　ただゆけ　いっそわたしがゆくよ
ああ　心が笑いたがっている

なんか悲しいね　生きてるって　重ねし約束あなたとふたり
時のまにまに　たゆたいながら　涙を隠した　しあわせ芝居

さらば思い出たちよ　ひとり歩く摩天楼
わたしという名の物語は　最終章

悲しくって泣いてるわけじゃあない　生きてるから涙が出るの
こごえる季節に鮮やかに咲くよ
ああ　わたしが　負けるわけがない

泣かないで　わたしの恋心　涙は“お前”にはにあわない
ゆけ　ただゆけ　いっそわたしがゆくよ
ああ　心が笑いたがっている

ひと知れず　されど誇らかに咲け

ああ　わたしは　冬の花

胸には涙　顔には笑顔で
今日もわたしは出かける

....

晶子：宮本浩次君は、日本の近代文学を好む文学青年でも
あり、この曲の歌詞には、どこか懐かしい、文語的な格調が
漂っているのだけれど、ただ表面的にそういう格調を衒って
いるわけではなく、表現したい世界観の内実が、そのよう
な文語的な韻律を引き寄せているような。「**いずれ花と散
る**」とか「**ひと知れず　されど誇らかに咲け**」とかね。お
よそJ-POPではお目にかかれないような男性的で古典的な
格調が、メロディーの大ぶりなロマンティシズムと相まっ
て、聴き手のハートを非日常的な振幅で揺さぶってくれる
というか。

八潮：そうだね、ご本人はロック演歌、歌謡曲、そういう
イメージを意識したらしいが、そういう大衆的な共同性の
書き割りを生かしながらも、本質的にはまぎれもないロッ
クになっていると思う。そこには、〈個＝孤〉の匂いがする
ということだよ。つまり、制度的なものを蹴破って、人生
をたたかいながら、ひとり歩む男の歌であってね。心に沁
みる歌詞と歌唱は、一見感傷的に見えるけれども、そうで
はなく、決然とした男らしい歌なんだよね。演歌的なメロ

244

ディー、リズム、そういうものを部分的に活用して、自分を劇化しているだけであってね。パフォーマンスを動画などでご覧になるといいと思うんだが、彼が全身を歌の世界に没入させ、ネクタイを振り解き、がに股で踏ん張りながら「いっちゃってる」目で歌う姿というのはね、ドン・キホーテ的なんだが、そのことを彼自身、一抹のクールな目で俯瞰（ふかん）しながら歌っているところがある。サビでの大仰（おおぎょう）な盛り上がりもね、確信犯的な自己劇化だと思うね。

　このパフォーマンスによって、彼が〈重力〉というものに拮抗している膂力（りょりょく）がよく伝わる。それだけ、〈重力〉をずっしりと伝えてくる。生きる手応えというものの重さ・熱さが伝わってくる。

晶子：テーマは女性への愛であり、過去の甘美な愛の思い出を歌っているのだけれど、そこに我執だの未練だのが無いのよね。「みよ吉的」なものが微塵（みじん）も無い（笑）。過去の物語の記憶を大切にしながら、決然と別れて一人世界に屹立（きつりつ）し、歩み出そうという。

八潮：うん、人生の「最終章」を意識しつつ、実存的覚悟を踏まえて、時を超えながら、瞬間・日々をみずみずしく燃焼している姿がある。「**ああ　わたしが　負けるわけがない**」とあるように、人生を必ず良き物語で締めくくってやる、という決意がある。そして、女々しくない涙がある。悲しいからではなく、生きてるから流す涙だ。自然な涙。決し

て彼は涙に溺れない。ペシミズムにも陥らない。

　一番好きなフレーズが、僕、「**ああ　心が笑いたがっている**」というところなんだけど。ここでなぜか鳥肌が立つんだよ（笑）。ジーンときて、自然と泣けてくる。

　宮本浩次君の思想というのは、実にニーチェ的なものだと思う。第一部の椎名林檎にも通じる、ニーチェ的な解放というものへの指向性を感じさせる。

　ニーチェは、「真夜中の深み」は、「午（ひる）」の日輪＝火の輝きに通じている、と『ツァラトゥストラ』の中で語っているんだが、浩次君のこの曲にも、それに通じるものを感じるね。

　異性愛的な「かたわれ」感覚を抱いたであろう女性への愛、その喪失を通して、自身の闇の深みを見据え、そこから日輪の輝きを立ち上げようというんだ。

晶子：私はラストのフレーズが好きでね。「**ひと知れず　されど誇らかに咲け**」そして、つぶやくように「**今日もわたしは出かける**」と。

　宮本浩次君の魅力の一つはね、ロックによって社会と闘うという、その闘いが、一見暑苦しそうに見えて、実は涼しげだというところ。社会の圧力に抗するとか、逆らうんだとか、反社会を衒うのではなくて、まなざし一つでさくっと社会を自身の視野の外に放り出してしまえるところがある。だれにも知られなくていい、でも、誇らかに咲く。社会の外へ、魂はいつも出かけてゆく。そういう軽やかさが、

この『宮本　独歩』というアルバムにはたくさん詰まっている。

八潮：そう、だから、全編これ暑苦しいまでに元気な楽曲の詰まったアルバムなんだが、繰り返し聴いても飽きないし、意外にも疲れない。僕、こんなアルバムに初めて出逢ったよ（笑）。

晶子：ドン・キホーテ的な空気感は、川喜田八潮節に一抹通じるものを感じますよ（笑）。

八潮：確かにね、そういうシンパシーをおぼえるよ（笑）。悲壮ではない、我執がない、人の魂を強制しない。その爽やかな脱・社会の表現に、稀有なシンパシーをおぼえる。

晶子：「冬の花」は、陰りのある楽曲だけど、対照的に陽性のパワーに満ちた「ハレルヤ」も引用してみましょう。

ハレルヤ（作詞　宮本浩次）

行こうぜbabyまだ間に合うさそんなhot place
例えりゃあ　賑やかすぎる町通り抜けて　空満天のstar
俺にも世間にもあり勝ちな日常　まるでまんまでblues
夜風がヤケに　ああ身にしみるこのごろ

やっぱ目指すしかねぇなbaby　この先にある世界
やっぱがんばらざるを得まいな　らしく生きていくってだけでも
大人になった俺たちゃあ夢なんて口にするも野暮だけど
今だからこそ追いかけられる夢もあるのさ

もう一丁ゆけtonight　熱い思いのtoday
please please please　光も闇も切り裂いてゆけ

please　高鳴る胸をかかえて
そんな俺にもう一丁祝福あれ　ハレルヤ
please　高鳴る胸をかかえて
ああ涙ぢゃあなく　勇気とともにあれ　ハレルヤ

君への思い夜空にひろがってmoonlight
若さにあかせて突っ走った俺のteenage dream
大人になった俺たちゃあ夢なんて口にするも照れるけど
今だからこそめざすべき　明日があるんだぜ

信じてみようぜ自分　ゆくしかないならtoday
please please please　強くもなく弱くもなく　まんまゆけ

please　孤独なheart抱いて
戦う俺にもう一丁輝きあれ　ハレルヤ
please　敗れし夢のその先にゃあ
ああ涙ぢゃあなく　笑いとともにあれ　ハレルヤ

please　高鳴る胸をかかえて
そんな俺にもう一丁祝福あれ　ハレルヤ
please　高鳴る胸をかかえて
そんな俺にもう一丁祝福あれ　ハレルヤ
ばからしくも愛しきこの日々を　イエイ
ああ涙ぢゃあなく　勇気とともにあれ
ああ笑いとあれ　幸あれ

八潮：なんて爽やかな、いい男なんだ（笑）。「冬の花」と
セットで聴くと、一層味わいが深まるんだが、陽光の軽快
さが、「冬の花」に沁みていた〈重力〉を消しているよね。
逆に、この「ハレルヤ」を聴くことで、「冬の花」の〈重
力〉というものが、どれほど厳しいものであるか、それに
抗うのがどれほどの力わざであるかも、伝わると思うんだ。

晶子：「冬の花」のフレーズに、「**ああ　わたしが　負ける
わけがない**」とあったけれども、〈重力〉に抗って、良き物
語を紡ぎ出すときの軽快なパワーが、「ハレルヤ」には満ち
ている。

八潮：そうなんだ。常に、日々の哀歓の物語の無数の累積
の果てに、爽やかな「笑い」を、「幸せ」を視る姿勢。そし
て、負の想念を持たぬ「勇気」。不可知なる混沌を即自的に
絶対感をもって生きる。しかも、生き生きと"夢見る"。こ

の夢というのはね、我執としての夢ではなく、生の「内燃機関」としての〈夢〉なんだよ。ペシミズムや線分的時間の脅迫を超え、存在の流動するいのちの中で、存在と共に軽やかに踊り、舞い、哄笑する。これは、ニーチェの思想であり、Ｄ・Ｈ・ロレンスの思想でもある。

晶子：「例えりゃあ　賑やかすぎる町通り抜けて　空満天のstar／俺にも世間にもあり勝ちな日常　まるでまんまでblues」とか、「強くもなく弱くもなく　まんまゆけ」とか、この曲でも、脱・社会する時の気負いの無さが爽やかよね。らしく、まんまゆく、それだけで、おのずとにぎやかすぎる町なんか通り過ぎて、満天の星空のコスモスに抜けられる。そんな暑苦しくなさというものが、聴き手のこわばりや身構えを脱がせてしまう。そこが彼の最大の魅力かと。

八潮：第一部でも、この第二部でもさんざん語ってきたことだが、われわれは、さまざまな既成観念に縛られている。フーコー的権力というものがしがらんでいる。それを蹴飛ばすために、アーティストたちはさまざまな戦略をとっている。その多彩な姿を語ってきたが、宮本浩次君の戦略というのは、今まで取り上げたどのアーティストとも異なるんだよ。

晶子：第一部の椎名林檎論において「獣ゆく細道」を論じたときは、椎名林檎というアーティストの表現として論じ

たわけだけれど、ここで改めて、あの曲を、宮本浩次という表現者の側からも眺めてみることは、とても面白いよね。この曲も『宮本、独歩』に収められているわけで。

八潮：うん、改めて、「獣ゆく細道」という楽曲の素晴らしさを再認識できたね。二人のコラボレーションというスタイルを、椎名林檎がなんと上手く生かしてその世界観を楽曲に込めていることか。それに応えて、宮本浩次君が楽曲の世界観に身を委ねつつ、なんと見事な歌唱で己れの資質を爆発的に解放・表現していることか。

　この二人の資質というのは一見対照的で、林檎が理知的、浩次が本能的・動物的、に見えるんだが、実は似ているところがある。そのことも、椎名林檎はよく認識した上で、歌詞のパートを振り分けているしね。

晶子：林檎ちゃんらしい、身体が悴んでいるからこそ真の解放が可能になる、という感覚と、浩次君らしい、生きてゆく上の贅肉をばっさり斬り捨てるパワーと、そういうイメージをそれぞれのパートに振り分けて、さらに、孤独こそが自由の証であるといった実存的な燃焼を歌うフレーズは二人のハモりになる、などね。美事な曲作り、そしてパフォーマンス。

八潮：林檎さんには、身体感覚の悴みに由来する、自意識の強さ、身体の硬さというものがある。それを逆手にとっ

て、観念的なペルソナ、嘘、そういうものを徹底的に排除せんとする意志の強さを持っているが、即自的に己れを解放することができないという、繊細で不幸な資質をしている。それに対して、浩次君は、シャイでデリケートなんだが、身体の柔らかさというものがある。即自的に自意識を脱ぎ捨てられる、生存感覚の温かさのようなものだ。おそらくはね、親御さんに愛されて育ってぬくもりのある身体感覚を醸成できたんだろうけれども、成長過程では傷が深い、そんな育ちが想像されるんだがね。

晶子：対照的な印象の二人の資質だけれども、実存的な捨て身の姿勢で身体を解放しようとするところは共通している。

八潮：そのことで、本能の燃焼へ肉薄せんとする。ひとつの〈狂〉のかたち、もの狂いを演出しようとする。しかもあくまでクールに演出しようとする。そこに、この二人の驚くべき共通点があると思えるんだ。

晶子：宮本浩次君の〈狂〉の形というものが、アルバム『宮本、独歩』には存分に解放されているのだけれど、あの一見「いっちゃってる」パフォーマンスというのが、実は自己劇化であり、自己演出なんだということに注目しておきたいね。

八潮：そこにはね、闇の深奥から炎を、光を立ち上げようとする、烈しくかつクールな魂がある。自分のことも、突き放して笑い飛ばせる、そういう意味で高度な精神性を感じさせる魂だよ。動物がただ荒れ狂っているように見る人がいるかもしれないが、そうではなくね。彼は、そのことで、瞬間の中に〈永遠〉をつかみ取ろうとしている。生の絶対感を得ようとしている。一人ひとりの「生きる場所」というものをクールに俯瞰し、相対化する目線を持ちつつも、己れの生の固有性に徹し、〈身体〉を燃焼させる、そこで固有の価値・倫理を択びとる。そういう倫理性が、「獣ゆく細道」の世界観であり、椎名林檎と宮本浩次に共通している資質でもある。存在を支える、不可知なる渾沌（カオス）へのゆだね、賭け、祈り、というかね。

　生命と虚無の両義性を備えて、ダイナミックに流動するコスモスのことを、「第一部」で僕らは〈闇〉〈龍〉〈類的な無意識〉と呼んだわけだが、死・有限・この世の無常、そういうものを背景として、実存的・ニーチェ的な燃焼によってこの〈類的な無意識〉にアクセスし、生の絶対感を得ようとする。

　それでいながら、価値の相対化という目線も併せ持っている。椎名林檎の場合は、その〈相対化〉を「認識」＝「俯瞰」の力によって行なうんだが、宮本浩次の場合は、それを極めて自然な形でやってのけている。彼も、他人の価値観をいたずらに脅かそうとはしないし、同時におもねることもしないんだが、実に自然に、世間・社会・他人の目を

「度外視」する靱（つよ）さがあるんだよ。

　おそらく世間は、彼の特異さ、異様さというものを、異類として疎外しようとするだろう。彼の不器用さ、つまり、世間とのコミュニケーションのズレや世渡りの才の無さというものに、憫笑を浮かべる者もいるだろう。だが、それを可愛いとも思ってしまう。彼の純真さが自然に伝わるからね。彼をドン・キホーテ的な滑稽な男だと蔑視する者がいても、彼は身構えず、意に介さない。そういう印象がある。

　こういうドン・キホーテというのは、アホ可愛いけれども、周りにとっては、往々にして迷惑な存在でもある。ある意味では、理想と現実のギャップを百も承知の上で、敢えて理想を追うやつほど、周りにとって困ったやつはいないからね。人々に夢を与えはするし、愉しませてもくれるが、困り者でもある。

　だが、宮本浩次君はね、同じ土俵で人に相撲を取らせないところがあるよ。あのドン・キホーテ的な存在感を、なぜか人に嘲笑させないように、脱社会してみせる。

晶子：地獄を知っている靱さも感じるね（笑）。なんでも、二回ほど、レコード会社との契約が切れてどん底を体験しているとか。耳の病気にもかかったりね。売れなかった時代の長さ、先の見え無さ。そういうものをよく知っているけれども、その不遇感によって彼は魂がねじくれていない。そういう靱さを持っているように思う。そういうどん底体験によって、生きる事の贅肉が全て脱落した境地というも

のを体験している。そこから這い上がるためにガツガツと
我執をみなぎらせたのではなく、おそらく、そういう我執
というものを全て放擲する境地になったときに、新たな道
が見えてきた、そんな内的な体験があったのではないかな。
だから、「また落ちたらどうしよう」といった怖れが無いよ
うに見える。逆に、怖いものがない。

八潮：そうなんだ、生気ある欲望というものを大切にする
んだが、我執がない。それが宮本浩次君の最大の美質だと
思うね。

晶子：『宮本、独歩』に収められた「きみに会いたい—
Dance with you—」（作詞・作曲　宮本浩次　2019年）と
いう曲があるけれども、そこには、この現世というものを
視野の外に閉め出して、「君」とひとつになりたい、「君」
の全てが欲しい、と歌っていて、脱社会の匂いを共有でき
る「かたわれ」的な存在への愛が歌われている。主人公の
分身のような存在と、見つめ合って心が融け合う瞬間が永
遠になる、そういう境地を求めている。これは、「冬の花」
とは違って、精神的な意味での同性愛的な、男同士の愛の
ように見えるね。また、「Do you remember?」（作詞・作
曲　宮本浩次　2019年）でも、主人公は無一物の裸の男で
あり、裸になって初めて見えてくる世界、それを共有でき
る存在への愛が歌われている。いずれも、「かたわれ」的存
在への愛がみなぎっているけれども、そこに我執の匂いと

いうものが一切ない。

八潮：それはね、根底に脱・社会の「孤狼」のような魂が
あるからだよ。制度的規範や世の通念とか勝敗とか、そん
なものを蹴飛ばして、贅肉の無い無一物の境地というもの
を軸にして、「かたわれ」を求めているからだよ。だから、
相手に強制するところがない。我執になりようがない。
「第二部」をこうして「愛」というテーマ、「かたわれ探
し」というテーマで語ってきて、最後の章に宮本浩次君を
取り上げたのもね、このテーマをそういう我執の無さと脱
社会の魂で締めくくりたかったからなんだ。そこが、〈愛〉
の最大の難所だからね。
　最後に、少し時代を遡るんだが、浩次君の表現に触れて、
想い出した楽曲があるので、語っておきたいのが、みなみ
らんぼうの「野を渡る風のように」（作詞　みなみらんぼう
／作曲　小林亜星　1979年）という作品なんだ。

晶子：1970年代末の楽曲だけれども。今聴くと、こんな声
で歌える歌手がいたのか、という不思議な感慨にとらわれ
ますね。今の歌い手さんと違って、楽曲の世界観を支える
〈根〉〈闇〉というものの振幅の大きさが、なんとも桁外れ
に大きいと感じてしまう。声の質感というものが違う。今、
こういう声の人はいないな、と。

八潮：そうでしょう。貴女は、最近ネットの動画で聴いたわ

けだけれど、僕は、この曲を当時からよく聴いていて、実は密かに大切にしてきた曲なんだ(笑)。とてもシンプルな歌詞の曲なんだけどね。そこには、人の本源的な〈孤独〉を見据えた〈愛〉のかたちが歌われている。孤独と背中合わせになった優しさ・ぬくもり。そういう〈愛〉だ。人は、こういう〈愛〉に支えられてこそ、切なさを超えて、明日という日を野を渡る風のように、あるいは燃え上がる炎のように、自然に生きてゆける、という曲なんだ。

　らんぼうのこの曲にはね、まだ自然への親和感が強い、土俗共同体的な感性がかろうじて残存していた「70年代後半」の匂いが息づいている。前近代的な感性であり、その感性があればこそ、〈類的無意識〉へのアクセスは、人々にとってまだ自然な呼吸のように、ことさらでなく、なし得ていた時代だったんだ。人々の魂が、かろうじて〈水〉に包まれていた時代だった。

　孤独であることが、身体を蒼白く縮こまらせてしまうのではなく、逆に、己れを包み込む、大いなるものに身体をゆだね、無心にひらいていく契機となる。存在することの本源的なさみしさ、心もとなさの自覚が、ぬくもりを通じて、物にとらわれない、捨て身の靭さへと転化する契機となる。人の魂が〈水〉に包まれているからこそ、〈水〉の中から命の火を自然に立ち上げることができる。風のように自在に、炎のように烈しく生きることができるんだ。

　浩次君も、風や炎や水を感じさせるアーティストだし、この『宮本、独歩』というアルバムの雄々しさには、背後に

深い女性性も感じられ、らんぼうに一脈通じるものがあると思うんだが、〈現在〉という時代は、70年代と比較するとはるかに厳しい時代だ。人々の無意識に息づく抒情の水脈が涸れ果てた情況の中で、〈孤〉としての野性を立ち上がらせるのは、並大抵の力わざではないんだ。

宮本浩次君はね、そういう〈現在〉の厳しさとともに、その厳しさに抗して立ち上げるべき抒情と野性の姿を、実に爽やかに示唆してくれている。

晶子：「かたわれ探し」という本書のテーマに対して、ある意味、想定外の場所から鮮やかな表現を提示してもらえたね。彼の表現との出逢いにハレルヤ、という気持ちです（笑）。

八潮：そして、〈現在〉の生き難さに抗して何か聖なるものを抱いて生き抜きたいと願っている、多くの人々と表現者の魂に、笑いとともに幸あれ、祝福あれ、という気持ちだね（笑）。

［付記］

　この第二部の対談は、2020年の2月から5月にかけて行なわれた。なお、引用した歌詞には、適宜ルビを補った箇所がある。引用元のCDの歌詞カードで縦書きの詞は、横書きにした。また、読みやすくするために、改行を加減した箇所がある。

あとがき

川喜田八潮

「かたわれ」とは、なんと美しくも哀切で、やっかいなしろものであることか。

　本書では、「かたわれ」という存在を求めずにはいられない、現代人の魂の渇きに寄り添いながら、J-POPの作品群を多彩な角度から論じてみた。そこでは、批評家として、作品に対するクールな距離感は保ちつつも、常に、著者である私たち自身が「かたわれ探し」にまつわる課題を突きつけられたことで直面した、痛み、苦さ、夢、挫折、悲哀、代償、懊悩、執着、解脱、解放、それら諸々の泥臭く、悩ましく、命懸けの模索体験をハラに収めながらの対談であり、執筆であったことは、ひと言申し述べておきたいところである。

　上から目線で、〈知〉によって大衆を啓蒙しようなどといった、お高くとまった書物ではない。「第一部　超越」も「第二部　愛」も、筆者である私たち自身の、全身全霊の〈生きる〉ドラマの中で掴み得た、泥まみれで慎ましい、ささやかな叡智の産物であることは、心を澄ませてお読みいただければ、伝わるのではないかと信じている。

　そのささやかな叡智は、時代の表層的なモードが変容し、

ここで取り上げた作品たちが、懐古的に振り返られる時代が訪れたとしても、〈近代〉という時代が〈脱・近代〉へと脱皮しなければならないという課題が存在する限り、さらなるリアリティーを持ち続けるはずである。

　手に取っていただいた読者の方々にも、ぜひ、繰り返し味読し、われわれの抱えさせられている課題のありかを確かめ、それぞれに固有の文脈で〈生き難さ〉を超えてゆくよすがとしていただければ本望である。

　筆者である私たちも、さまざまなアーティストたちの表現に出逢うことができ、それらを論じられたことに、とても幸せな感触を抱いている。「第一部」でも「第二部」でも、多彩なアーティストたちの表現を、ある一つの色に染めることなく、互いに相対化し合うように批評できたことも、興味深いことである。なぜ、これほど異質なアーティストたちを同じ水準で評価できるのか、というくらい、それぞれの「たたかい方」は異質であり、優劣のつけようがないような固有の靱さ・ゆたかさと限界とを抱えている。それらの表現に対する、私どもの深い敬意と愛も、伝わっていれば嬉しいし、異質な表現を総体として視る時、「生き難さ」と「かたわれ探し」をめぐる課題と超克の〈本質〉もまた、露わになっていることとおもう。

　また、取り上げられなかったけれども出逢えた、そんな有名無名のアーティストも多々存在する。

その一人に、Uruという女性アーティストがいる。

　彼女の2ndアルバム『オリオンブルー』を聴いた（2020年3月リリース）。このアルバムは、まさに、「かたわれ感覚」を繊細に抒情的に、美事に表現した力作であった。ここには、作者にとって「かたわれ」と感じられる人物との〈出逢い〉の質感が、実に正直に繊細に歌い上げられている。運命の人と、魂の深みで、嘘偽りなく「めぐり逢った」という絶対感が、女性的な柔らかい高音を通して、しかし力強く、ひしひしと身に迫ってくる。無心に耳を傾ける聴き手は、彼女の声を、身体に沁み込むように、自然に受け止めることができるだろう。

　その「かたわれ」感覚は、作者にとって「命綱」のような切迫した息づかいをもって歌われている。「かたわれ」との出逢いが、アルバムタイトルにもあるように、コスミックな世界風景の甦り、いのちの蘇生の感覚と重ね合わせられており、その人物との〈絆〉は、「信じられる力」「生きる勇気」の源泉となっていることがわかる。アルバム全体が、それを訴えているが、中でも、「あなたがいることで」（作詞・作曲　Uru　2020年）という楽曲は絶品である。「かたわれ」との絆への作者の想いは、純粋で切迫した熱いものであるが、それでいて、彼女の歌声は、深々とした透明感があり、愛欲に伴う我執の匂いが微塵も無い。

　はかなげに見えてはかなげでない。実存的なのに温かみのある歌い方である。強靭で透明な〈孤独〉に裏打ちされた、観念的でない肚のすわった「かたわれ」感覚であると

言えよう。

「かたわれ探し」のモチーフに深くクロスする、優れたアルバムなので、ひと言、論及させて頂いた次第である。

　彼女の表現に象徴されるように、今、われわれにとって「かたわれ」とは、その存在によってかろうじて生き延びることができるような、切実な「命綱」の様相を呈している。そういう〈現在〉という時代の貌を、本書は浮かび上がらせているとも言えよう。

＊　＊　＊　＊　＊　＊　＊　＊　＊　＊　＊　＊　＊　＊　＊　＊

付論
かたわれ探しの果て──中島みゆきの旅

川喜田八潮

　ところで、「かたわれ探し」といえば、何十年もの間、ひたすらこのモチーフに沿って、数々の名曲を生み出してきた、J-POP界最大の歌姫・中島みゆきについて触れないわけにはいかない。トークの中では扱えなかったので、この「あとがき」の中で、彼女の表現の現在的な意味について、簡潔に論じてみたいと思う。

　ちなみに、「歌姫」という言葉は、今や、マスコミで実に安直に濫用され、すっかり手垢にまみれたものと成り果て

ているが、私は常々、それを苦々しく思っている。

　日本のミュージックシーンでこの言葉が初めて使われたのは、私の知見では、1982年リリースの中島みゆきのアルバム『寒水魚』に収められた「歌姫」という名曲の題名においてである。この透明感のある哀切な曲には、「1970年代後半〜80年代初頭」という、日本の高度消費資本主義社会の完成期において、急速に衰弱し、消滅しつつあった〈抒情性〉の、断末魔のような悲鳴が、自然の流れと一体化した独特の日本的な〈無常感〉の中に包み込まれて、美事に表現されている。私にとって、「歌姫」という言葉の美しい響きが喚起するイメージは、中島みゆきのこの名曲と切っても切れないものとなっている。

「歌姫」という言葉が他の歌手に使われる時、私は侮辱を感じないわけにはいかない。これは、私の個人的な感情にすぎないが、かねがね苦言を呈したいと思っていたので、ご寛恕頂きたい。

　しかし、この苦々しい想いには、同時に個人的とも言い切れないものもある。それは、中島みゆきの「初期」作品、すなわち名曲「時代」が発表された1975年からアルバム『寒水魚』がリリースされた1982年までの作品には、高度消費資本主義完成期における、アトム化の進行に伴う日本人の魂の病理、人間疎外の情況に対する、作者の孤独なたたかいの軌跡がにじみ出ているからである。すなわち、自然の懐（ふところ）に抱かれ、血縁・地縁の絆によって支えられていた前近代的な共同体の遺制が崩壊し、コスモスを喪失した現

代人が、「生の意味づけ」という魂の究極の受け皿を失い、孤独地獄の中で、砂粒のような生存感覚に蝕まれながら愛を求めてさまよっていた姿を生々しく映し出しているからである。

　その現代人の実存の最深部を、己れ自身の実存と重ね合わせながら、主に「失恋歌」という形で象徴的に歌い上げていたのが、中島みゆきであった。

「わかれうた」（1977）や「この空を飛べたら」（1978）のような名曲も、そのたたかいの中から生まれたし、己れの異形感覚、故郷喪失者としての極北の風景、孤独地獄の最果ての風景を完璧なまでに歌い上げてみせた絶唱「エレーン」（1980）のような、初期作品の最高傑作も誕生した。私が「歌姫」という言葉を、中島みゆきと切っても切れないイメージをもつ言葉として大切に思うのも、心ある人々に、彼女のこの、現代産業社会の人間疎外との人知れぬ暗闘の軌跡を、ぜひじっくりと味わってもらいたいと念願しているからである。

　この初期作品における孤独なたたかいの姿勢は、日本社会から抒情の水脈がほぼ完全に失われたといってもいい、1983年以後の（バブル経済期を頂点とする）消費資本主義爛熟期の、ひび割れた、乾き切った感性に覆われた世相において、一層強まっていく。

　存在を存在たらしめている〈闇〉の背景、すなわち生や存在の不可知なる〈奥ゆき〉という概念を一掃し、全ての存在を「フラットな記号」に還元することで、生の本源的

な意味と価値の次元を徹底的に否認するポスト・モダン思想の流行が猛威をふるうことになる80年代以降の世相、エロス的な〈差異〉との刹那的な〈戯れ〉に生きることの根拠を解消しようとする潮流の中で、人々の生存感覚の空洞化と愛の不毛の病理は、70年代よりもさらに悪化していく。

大衆の消費水準の上昇、経済の繁栄という表層的な光の陰で、精神病理や家族崩壊、校内暴力やいじめ、犯罪の増大といった、市民社会の内戦状況が拡がっていく。

中島みゆきは、このような時代の病理、乾き切った、享楽的で冷笑的な世相というものに、全くなじめなかった。価値解体のニヒリズムを標榜しながら、嬉々として知と戯れる知識人たちや、浮かれた芸能人たちに、歩調を合わせることはできなかった。魂の深みにおいて人と人とが嘘偽りなく「出逢う」ことは、この時代には、恐ろしく困難なものとなっていた。それは、今も、克服されてはいない。

ちなみに、私も当時、中島みゆきと同様、この時代に全くなじむことができなかった。

1980年代から2010年代のつい最近に至るまで、私は、ポスト・モダン思想に対する徹底した否認者であり、敵対者だった。その最大の理由は、ポスト・モダニストたちが否認する不可知なる存在の〈奥ゆき〉、存在を存在たらしめている〈闇〉の背景、すなわち（本書の「第一部」で私たちが述べた言葉を使うなら）〈類的無意識〉というコスモスの次元を、私は、人が生きることの究極の根拠を支えてくれるものとして、すなわち私たちが「生き抜く」ための力を

支えてくれている〈本能〉を生み出す源泉として、かけがえのないものだと考えてきたからである。

　しかし、すでに本書の「第一部」をお読み下さった読者の方ならお分かり頂けるものと思うが、今では私は、ポスト・モダン思想に対して、特に、その巨匠であるミシェル・フーコーやジル・ドゥルーズに対しては、かなりシンパシーを覚えるまでに至っている。それは、「第一部」でも随所で強調したように、フーコーの唱えた〈権力〉概念の重要性を痛感しているからだ。

　個々人が日々の生活の現場で、〈情動〉の揺らぎを通じて、隠微な形で強いられている、さまざまなミクロな権力、すなわち「フーコー的権力」の遍在こそ、私たちが己れの〈生き難さ〉、魂のあつれきを超えて、人生に対して生気ある〈まなざし〉を手にするために、立ち向かわなければならない、究極の敵の姿を映し出すものであるといっていい。

　フーコー的権力の「脱構築」を通して、〈本能〉の潜在的な力を蘇らせ、〈闇〉のコスモスに開かれた〈身体性〉の次元を解放すること、それこそが、ポスト・モダン思想の有効な使い道であると、今では私は考えている。

　中島みゆきは、抒情の水脈が枯渇し切った、フラットでヴァーチャルな風景に覆われた80年代以降の世界の中で、業界人としての日々の生活の現場において、利害関係をはじめ、さまざまな形で風圧をかけてくる隠微な「フーコー的権力」に、孤独な一匹狼の〈表現者〉として、鋭く対峙してみせた。そのたたかいの中で、彼女は、己れの魂

の「同朋」であり「かたわれ」であると感じられる、ひとりの男性との〈出逢い〉のかたちを再確認し、その人物との〈絆〉への絶対感に、己れの未知の運命を賭けようと決意する。

それは、彼女の歌による〈表現〉の軌跡に、はっきりと見てとれることである。

といっても、もちろん、中島みゆきは、何の芸もなしに現実の出来事をありのままに歌うという、ベタな私小説的写実主義の方法をとるシンガーソングライターではない。あくまでも、物語的な虚構意識を通じて表現を行なおうとする、メタファー（暗喩）の達人である。

にもかかわらず、彼女の歌は決して他人事を歌ったものではなく、まさしく己れ自身の、血の噴き出るような、人生の〈真実〉を歌ったものなのである。だからこそ、彼女の言葉と歌声の響きは、強烈な説得力をもった、生々しいリアリティーを紡ぎ出すことができるのだ。そういう意味では、中島みゆきの芸術の力＝秘密は、広義の私小説的な方法意識に支えられたものだといっていい。

彼女の歌を年代順に、全作品にわたって丁寧に聴くことは、彼女の魂の軌跡を忠実に辿ることである。みゆき作品をじっくりと年代順に辿った人なら誰でも気付くことだと思うが、中島みゆきは、1980年代の末から現在に至るまで、運命的な出逢い方をした、ただひとりの恋人（男性）を、ひたすら追い続けてきた。

この男性の存在がはっきりと歌詞の中に登場するの

は、1986年リリースのアルバム『36.5℃』に収められた「HALF」という曲においてである。これは、まさに恋人に対する「かたわれ」感覚を哀切に表現した作品である。その恋人との〈出逢い〉は、しかし、さらに数年前に遡る。

80年代末から90年代にかけての彼女の歌の数々を通して分かることは、かつてその男性と作者は運命的なめぐり逢いをしたけれども、不幸なことに、ふたりの魂は、以後微妙にすれ違ってしまい、かつて愛を誓ったはずの男性は「音信不通」となってしまったこと。しかし、作者は今でも、そしてこれから後も、その恋人との絆を絶対的に信じ抜き、いつの日にか、恋人との〈再会〉が実現することを信じ、彼との絆を、己れの魂の「命綱」として握りしめながら、未知の人生に、ひとりの〈表現者〉として立ち向かい、自らの運命を切り拓いてゆく決意をしたということである。

その「運命の恋人」との出逢いの形や、ふたりの男女の魂のあり方が、どのようなものであったのかをうかがわせる歌を、中島みゆきは数多く作っている。

例えば、1990年のアルバム『夜を往け』に収められた「ふたりは」という曲は、世間の既成観念・価値観によって「不吉な異形の存在」として負のレッテルを貼られ、排除された、ふたりの男女が、凍え切った魂を抱えてさすらいながら、運命的にめぐり逢う姿を描いた、戦慄を覚えさせずにはおかない、哀切な作品である。（この曲は、1995年のアルバム『10WINGS』において、さらに洗練された、

オペラ風の古典的な格調を漂わせた絶唱の名品に仕上げられている。）

　また、1991年のアルバム『歌でしか言えない』に収められた「炎と水」という作品では、「運命の恋人」の魂のかたちは透きとおった〈水〉のイメージで、対照的に作者自身の魂は、愛に身を焦がす情熱的な〈炎〉のイメージで象徴的にとらえられている。

　1990年代から2000年代にかけての中島みゆき作品の全体感をバックに、この「炎と水」のイメージを読み解くなら、〈水〉とは、産業社会の中で疲弊し、枯渇し切った現代人の魂を潤し、癒し、みずみずしい生命が蘇生しうる未来の文明に向かって、人々を誘う、不可視の闇の水脈、声なき声のようなものであると感じられてくる。

　それはまた、浅ましい我欲に翻弄される、現世の生身の人間の、有限な〈個体〉としての輪郭を超えて、類的でコスミックな生命感覚に生きようとする、脱社会的＝脱現世的な〈解脱〉のまなざしを象徴するものでもある。その透明な生存感覚は、愛欲に悶え苦しむ作者の魂のかたちとは対照的である。

　対照的であるがゆえに、作者は、〈水〉の魂の持ち主である恋人にひかれざるをえない。恋人の〈水〉の魂に触れることは、孤独地獄の中で愛欲に苦しむ、悪業深い作者の魂をしばし浄化してくれるのだ。作者は、女としての、溢れんばかりの「情念の水」に溺れながらも、透明な〈解脱〉へと誘う「浄化の霊水」に渇き、求めてやまないのである。

一方、「炎と水」では、恋人は他者の苦しみへの共感能力に富む、情け深い人物としても描かれており、それゆえに、彼は、現世の不条理な風景の中で、自らを癒すことができぬままにさすらうほかはない。彼の傷を癒せる者は、自分しかいないはずだ。そう、作者は自負している。恋人と己れとの関係を、共に、世間の価値秩序から排除され、凍えた魂を抱えてさすらう異形の旅人、「故郷喪失者」の身でありながらも、炎と水のように対照的な魂を持ち、それゆえにこそ、どうしようもなくひかれ合う「双子」のような存在としてとらえている。それが、中島みゆきの「かたわれ探し」の感覚である。

　この双子的な「かたわれ」の感覚への揺るぎない確信にもとづいて、彼女は、1980年代末から2000年代にかけて、ひたすら恋人への求愛のメッセージを送り続ける。その執念は凄まじい。日高川を越え、蛇身となりながら、執拗に恋人の僧・安珍を追い続けた、悪業深い清姫の姿を想わせる。

　彼女が、一度は諦めかかった運命の恋人を、地の果てまでも追い続ける決意を固めたのが、1989年という年である。この年のアルバム『回帰熱』に収められた力作「黄砂に吹かれて」では、黄砂に吹かれながらさすらう主人公の旅が、地下の奥深く流れる、透きとおった〈水〉のイメージと重ね合わせられている。それは言うまでもなく、荒廃した産業社会の風景の中を、〈炎〉に身を焦がすような愛欲の苦しみを抱えながらさすらっている、生身の肉体をもった女

性としての作者の心の中に、それとは対照的な、澄み切った〈水〉のような、類的でコスミックな生存感覚への烈しい渇き、すなわち現世からの〈超越〉＝解脱への渇きが息づいていたことを示している。

　この「炎と水」のような相矛盾する両義的な心の葛藤・緊張関係を、生の「内燃機関」として、中島みゆきは表現行為を持続し、次々と名曲を世に送り出してゆく。（その活動を支えたのが、みゆき作品の名編曲者であり音楽監督をも務めた瀬尾一三である。）それは、「音信不通」の恋人に向かって、己れの「かたわれ」感覚のみをよすがとしながら、ひたすら求愛のメッセージを送り続けるという、無謀といってもよい、絶望的なまでの捨て身の情熱だった。それは、現実的に考えるならば、ほとんど成就不可能なはずの恋愛を、敢えて成就させんとする、すなわち夢想を現実のものにしようとする、ロマン主義的な〈物語〉への冒険・チャレンジだといってもよい。可視的で三次元的で合理主義的な目線によって規定された人生、すなわちモダニズム的な世界観に囲い込まれた人生の中に、不可視的・四次元的・非合理的なロマンと物語性を回復することで、不条理を超える、生気ある〈まなざし〉を手にしようとする、魂の冒険にほかならない。

　アルバム『回帰熱』がリリースされた1989年から3年後の1992年、中島みゆきは、音信不通だった恋人の消息を知った。彼がひとりの〈表現者〉として、彼女の前に立ち現われたからだ。しかし、彼はすでに別の女性と結婚し

ており、幸せに暮らしていた。その失恋の痛手を、彼女は、
92年のアルバム『EAST ASIA』に収められた「浅い眠り」
や、翌年93年のアルバム『時代—Time goes around—』
所収の「慟哭」という、ひび割れた楽曲で歌い上げている。

　しかし、それでも彼女は、恋人への愛を諦めなかった。ア
ルバム『時代』所収の「孤独の肖像1st.」では、もう一度
最初から恋人との絆をみつめ直し、脱皮された形での愛の
成就に向けて、彼へのメッセージを紡ぎ続けてゆく決意を
している。しかし、恋人からのレスポンスは、それから後
も、何年にもわたって得られぬままだった。何度も絶望に
打ちのめされながら、それでも、彼女は繰り返し再起を果
たし、不屈の意志を貫き通した。

　怖ろしい執念だった。中島みゆきのたたかいの軌跡は、ア
ルバム・シングルと、彼女の作詞・作曲・脚本・演出・主
演による音楽劇「夜会」の表現に鮮やかに刻印されている
が、中でも、1990年代前半から半ばにかけての楽曲は名
曲ぞろいで、ひときわ生々しく、強烈なインパクトを与え
る。91年から95年にかけての「夜会」のDVDは、いずれ
も、手に汗握る緊迫感を与える名作であるが、とりわけ93
年の夜会『花の色はうつりにけりな　いたづらに　わが身
世にふる　ながめせし間に』のクライマックスシーンは鬼
気迫るものである。

　〈恋〉とは、彼女にとって、「生きる」ことのすべてであり、
現世の卑俗さや不条理を超越する天上的なまなざしを象徴
的に啓示してくれるものであった。恋愛感情という、恋人

とのエロス的な〈一体化〉への渇きは、彼女の中では、同時に、〈個〉としての殻を超えることで、三次元的な現世の不条理を、四次元的に「超越」するという、〈解脱〉への渇きと重ね合わせられている。彼女にとって、運命の恋人は、まさしく、そのような〈超越〉＝〈解脱〉への導き手として、すなわち聖なる〈水〉のまなざしの体現者として立ち現われた。

　しかし、恋愛感情と〈解脱〉への渇望を重ね合わせるという、その志向にこそ、実は、大きな落とし穴があった。

　他者とのエロス的な一体化によって、個人としての殻を超え、類的な生命の次元を象徴的に体現せんとする、恋愛感情の非日常的・超越的な本質は、そのまま、他者の魂を「所有」せんとする〈我執〉の病に転落し、また、既存の実生活の枠組を破壊へと導く危険性をはらんでいるからである。

　本書のトークで語ってきたように、恋愛感情というものは、遅かれ早かれ、恋人の内に息づく「他者性の壁」と「日常・実生活の試練」の前に、挫折するほかはないのだ。

　その時こそが、恋愛感情が、〈愛〉へと脱皮できるかどうかの正念場となる。

　すなわち、恋人との閉じられた〈一体化〉の感情が捨て去られ、相互の他者性への了解をふまえた心の通い合いと実生活への根づきに支えられた、真に強靱な〈愛〉の感情へと進化しうるかどうかが、試されるのである。

　それはそのまま、三角関係的な嫉妬感情を捨て去り、他

者の魂を「所有」ないし「強制」せんとする病を克服して
みせることでもある。

　中島みゆきが恋人に再会できたとしても、彼女が、彼に
対する、閉じられた双子的な一体化感情に固執する限りは、
決して、幸せな絆の形を成就することはできまい。

　2005年にリリースされたアルバム『転生』によって分か
るように、彼女は、この年に運命の恋人とようやく再会を
果たしている。1989年から数えれば、16年後の事であり、
初めて出逢った時からは、なんと20年以上の歳月が経って
いた。この後、数年間は、恋人との魂の交流があったこと
がアルバムからはうかがえるが、2012年のアルバム『常夜
灯』を最後に、ふたりの道は再び分かれてしまったようで
ある。中島みゆき自身は、その理由に不可解な想いを抱い
ていたようであり、悶々とした心のありさまが以後のアル
バムからはみてとれる。

　僭越ながら、ふたりが別れることになった要因は、私見
では、二つ想定できるように思う。

　ひとつは、恋人の男性が、三角関係的な重圧に耐え切れ
なくなったことである。

　もう一つは、彼女が、恋人との恋愛感情にあくまで固執
するという、長年の習性にとらわれていたことである。

　実は、中島みゆきは、とうの昔に、恋愛感情というもの
を「卒業」しており、落ち着きのある、より高次の〈愛〉の
感情に目覚めていたのだ。それは、2000年代から2010年
代初めにかけてのアルバムや夜会の内容を、丁寧に味わっ

てみると、おのずと視えてくる。2000年代に入ると、中島
みゆきの表現には、恋人への閉じられた双子的な感覚の愛、
すなわち、恋人の魂をひとり占めしたいという、〈我執〉
としての愛を脱却し、愛を、単なる対の間の恋愛を超えた、
より深くて広い、類的でコスミックな生命観をバックボー
ンとする、情熱的でありながらも静謐な、独特の生存感覚、
いわば〈運命愛〉の感覚へと拡げてみせる、といった力わざ
がくっきりと浮上してくる。それは、1990年代前半の苦闘
の中で磨かれた、透明で類的な生存感覚（〈水〉の感覚）の
延長上に成立したものである。「水」「星」「月」「闇」「風」
といった言葉が、彼女の世界観＝コスモスを象徴する上で
のキーワードとなる。

　そのコスミックな生存感覚を、恋人への運命愛の感覚と
重ね合わせて美事に表現した力作が、「月はそこにいる」
（『常夜灯』所収）である。

　そして、運命愛のかたちを、澄み切った境地で、シンプル
に力強く歌った作品が、「荒野より」（2011）である。この
曲で作者は、自分の生きる希望は、恋人が地球という星に
居てくれることであり、生きる力、立ち直れる力は、恋人
の魂のかたちを想うことにあると歌っている。そして、ふ
たりの間に、いかに空間的な隔たりがあろうとも、またい
かに時が流れようとも、決してその想いは変わらぬだろう。
だから、あなたは、私の事を気づかって己れの歩みを止め
てはいけない。どこまでも、自分は、魂の「同朋」として
共に歩み続けるだろう。後悔などは一切ない。そう歌われ

てもいる。ここでは、もはや、愛欲の妄執は洗い浄められ、恋愛感情は、落ち着きのある、澄んだ「同志愛」ないしは広義の「友情」と呼ぶべきものに昇華されている。

〈恋〉は〈愛〉へと脱皮しているといっていい。この愛は、生活を共にする夫婦の愛とは異なっているが、ひとつの立派な、成熟した〈愛〉の形ではなかろうか。

あとは、中島みゆき自身が、その事に気付けばよいだけである。己れの感情が、いまだに古い恋愛感情のままであるという思い込み、既成観念を捨て去ればよいだけのことだ。

そうすれば、彼女は、今の迷いを脱し、恋人とのあるべき絆、あるべき愛のかたちが見えてくるであろう。恋人がその新たな絆のかたちを受け容れ、三角関係的な地獄図を完全に解消できるなら、ふたりの関係は蘇ることだろう。ただし、手遅れでなければ、の話であるが。

ここまで来れば、読者は、中島みゆきの「かたわれ探し」の果てに到達した場所が、そのまま、本書の「第二部 愛」でのトークにおける、最も重要なテーゼと重なるものであることに気付かれるであろう。

すなわち、現在という時代が抱える最大の愛のテーマとは、「かたわれ探し」の本質を見極めることであり、〈恋〉から〈愛〉への脱皮の道筋をつけることにある、ということに。

2020年7月

あとがき

川喜田晶子

　人は、聖なるものがなければ生きていけない。
「かたわれ」との「間違い」のない出逢いを、現代人がこれほどまでに強く求めるのも、「間違えずに出逢える自分」というものに、聖なるものとの絆の証を見るからではないだろうか。
「かたわれ」への愛の暴走は、たしかにやっかいな病理ではある。

　それでもなお、人は、「かたわれ」との出逢いによって知る聖なるものの気配と、その気配に圧倒的に浸されることの体感によってしか、本質的に変われない存在なのではないか。そういう想いが今、湧き上がっている。

〈聖なるもの〉からどうしようもなく遠ざけられた〈現在〉において、人々の無意識の底から激しく噴き上げてくる〈超越〉への想いや〈かたわれ探し〉への渇望。その奔流に半ば身をゆだねるようにして語り合い、論じ尽くしたこの『J-POPの現在』。私どもにとっても、この二冊を生み出す営みは、どこか聖なる体験であったように思う。

　その体験の香りが、縁ある読者のみなさまに、少しでも伝わればと願ってやみません。

＊　＊　＊　＊　＊　＊　＊　＊　＊　＊　＊　＊　＊　＊　＊　＊

　「第一部」「第二部」ともに、出版に際しては、パレード
ブックスの森美貴恵氏にお世話になりました。書き手の想
いをどこまでも尊重し、粘り強く寄り添っていただいたこ
とも、貴重な温かい体験でした。深謝申し上げます。

　また、この「第二部」の表紙は、写真家である金子功氏
の作品で飾らせていただきました。光と闇の大いなる振幅
を端麗な情景として浮かび上がらせる氏の作品世界によっ
て、〈かたわれ探し〉というテーマがドラマチックに象られ
ました。心より御礼申し上げます。

　蒼い湖面にオデットの置き土産のようなひとひらの純白
の羽根。その情景は、私たち現代人の無意識に潜む渇きを、
「かたわれ」への愛によってこの世界を蘇生させようとする
切なる憧憬を、鮮やかに想い起こさせます。

2020年7月

■ 著者プロフィール

川喜田 八潮（かわきた　やしお）

文芸評論家。1952年京都市生まれ。京都大学工学部中退。後、同志社大学文学部に編入学・卒業。駿台予備学校日本史科講師、成安造形大学特任助教授を歴任。1998年より2006年まで、文学・思想誌「星辰」を主宰。2016年に、川喜田晶子と共にブログ「星辰－Sei-shin－」を開設。批評文・書評など多数掲載。著書に『〈日常性〉のゆくえ─宮崎アニメを読む』（1992年　JICC出版局）、『脱〈虚体〉論─現在に蘇るドストエフスキー』（1996年　日本エディタースクール出版部）、『脱近代への架橋』（2002年　葦書房）。

川喜田 晶子（かわきた　あきこ）

1963年和歌山市生まれ。京都大学文学部国語学国文学科卒業。霧芯館―KJ法教育・研修―主宰。川喜田八潮の父・川喜田二郎（文化人類学者）の創案したKJ法の普及活動を通じ、さまざまな現場の問題解決を支援するかたわら、歌人として短歌・文芸批評等執筆。成安造形大学、京都精華大学等で非常勤講師・特別講師を歴任。ブログ「星辰」に「〈生き難さ〉のアーカイブス～『詩を描く』若者たち～」「〈藤村 操世代〉の憂鬱」等連載。

J-POPの現在　II
かたわれ探しの旅

2020年12月15日　第1刷発行

著　者　川喜田八潮・川喜田晶子

発行者　太田宏司郎
発行所　株式会社パレード
　　　　大阪本社　〒530-0043　大阪府大阪市北区天満2-7-12
　　　　　　　　　TEL 06-6351-0740　FAX 06-6356-8129
　　　　東京支社　〒151-0051　東京都渋谷区千駄ヶ谷2-10-7
　　　　　　　　　TEL 03-5413-3285　FAX 03-5413-3286
　　　　https://books.parade.co.jp

発売元　株式会社星雲社（共同出版社・流通責任出版社）
　　　　　　　　　〒112-0005　東京都文京区水道1-3-30
　　　　　　　　　TEL 03-3868-3275　FAX 03-3868-6588

印刷所　中央精版印刷株式会社

JASRAC　出　2007827-001
NexTone　PB000050685号